DR. FRANZ MILTNER

GERMANISCHE FÜHRER DER ANTIKE

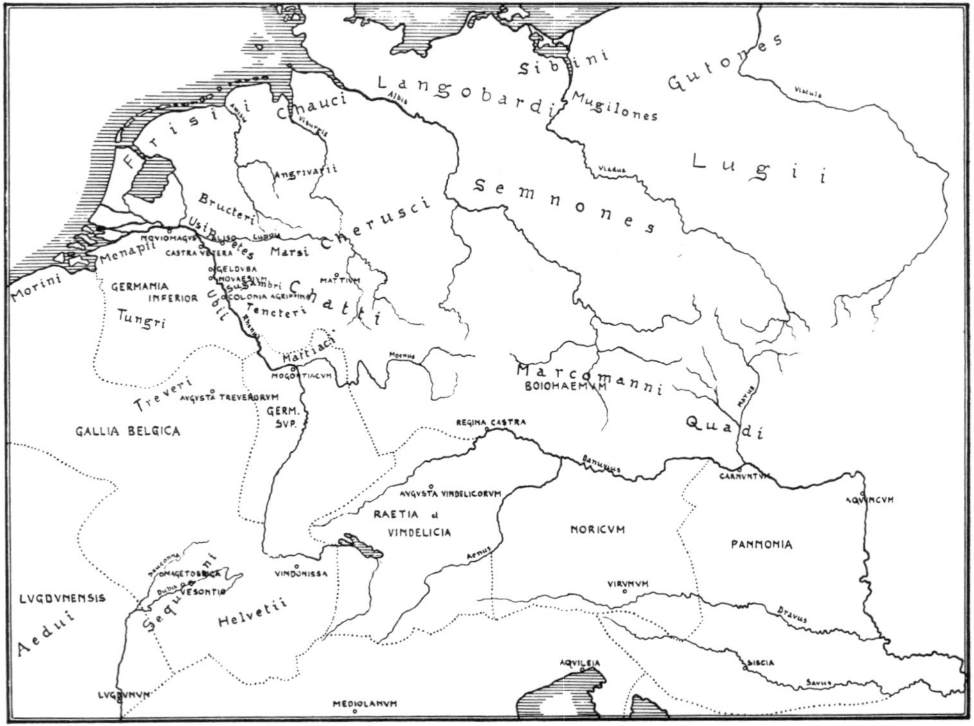

Deutschland in der frühen Kaiserzeit

GERMANISCHE FÜHRER DER ANTIKE

VON DR. FRANZ MILTNER
PROFESSOR AN DER
UNIVERSITÄT INNSBRUCK

MIT 32 ABBILDUNGEN

AKADEMISCHE
VERLAGSGESELLSCHAFT

Die Akademische Verlagsgesellschaft ist ein Imprint
des Phaidon Verlags.

Gesamtherstellung: Millium Media Management
Printed in Germany

ISBN 3-88851-221-2

Inhaltsverzeichnis

Einleitung

Lähmender Schrecken durchzitterte die italische Halbinsel, erfüllte Rom, die Herrin der Welt, als die Kunde kam, daß in den unwirtlichen Alpen, droben im Tauriskerland bei Noreia (113 v. Chr.), ein römisches Konsularheer von wilden, blondhaarigen und blauäugigen Recken, die mit ihren gewaltigen Leibern allein alles vor sich niederzuwerfen drohten, überwunden sei; ein römisches Heer besiegt, und nicht etwa von einem überlegen bewaffneten oder in der Feinheit von Kriegsführung und Kampf besonders ausgebildeter Gegner, und nicht etwa in einen Hinterhalt geraten, sondern selbst dem vertrauensseligen Feind einen solchen legend; und dabei wäre kaum einer der Legionäre vor den schmetternden Hieben jener Nordleute entkommen, wenn nicht ein fürchterliches Gewitter vorzeitig dem Kampf ein Ende bereitet hätte.

Erst nach Jahren gelang es, den Andringling in blutigen Schlachten niederzuringen und zu vernichten; doch der Schrekken und die bange Sorge vor dieser im Norden drohenden Gefahr blieb. Erst als der große Cäsar, siegreich die Haufen der Sueben überwindend, seine Heere bis an den Rhein geführt und selbst jenes geheimnisvolle Land, aus dem diese schrecklichen Krieger gekommen waren, betreten hatte, da kehrte den Römern der Glaube wieder, daß auch jene Germanen nicht anders als die anderen Völker seien, die Rom alle in die Knie gezwungen. Und schon streckte der Römer, unersättlich in seinem die Welt verzehrenden Landhunger, gierig die Hand aus nach dem rechtsrheinischen Land, den fetten Triften und den hohen Wäldern, wo jene großen Kinder hausten, die zwar so gewaltigen Wuchses waren, daß sie alles niederzutrampeln drohten, die aber so treu aus ihren klaren Augen blickten, daß sie auch nicht des geringsten Unrechts fähig zu sein schienen. Leicht mußte es sein, diese wunderlichen Gesellen zu überlisten und ihre gesunde Kraft sich selber nutzbar zu machen.

Doch furchtbar wurde der Römer aus solchem Wunschtraum geweckt. Seine Heimat und sein Volk gab der Germane nicht frecher Fremdherrschaft preis. Blutig wurde der Römer aus dem Lande geschlagen und mußte sich auf die alten Grenzen seiner Herrschaft besinnen. Doch einmal erwacht und seiner Kraft sich bewußt geworden, ward den Germanen ihre Heimat zu enge; neues Volk brauchte neues Land und neuen Wirkungskreis. Mochten auch Tausende und Tausende auf blutiger Walstatt bleiben, immer neue Scharen drangen aus den dunklen Wäldern hervor und stürmten gegen die ihren Lebensraum einengenden Grenzen, überrannten sie, drangen in das fremde, zermorschende Reich ein und wurden dort Herren, wo man sie einst zu Knechten hatte machen wollen.

Gewaltig ist das Drama, das in der Auseinandersetzung mit dem Weltreich der Römer die Frühgeschichte unseres Volkes erfüllt; gewaltig in seinem zeitlichen Maße: sind doch fast sechs Jahrhunderte vergangen seit den Tagen des Kimbernsturmes, bis nach den Kämpfen des Ariovist, den Siegen Armins, den Stürmen der Markomannenkriege, die germanischen Stämme auf römischem Boden ihre Staaten bauten und das Reich der Cäsaren in Trümmer gesunken; gewaltig aber auch in seiner räumlichen Weite: dehnte das Kampffeld sich doch von der niederdeutschen Küste und der Mündung des Rheins bis hinab zum Schwarzen Meer und dem Ausgang der Donau und griff es doch selbst auf afrikanisches Land über; nicht minder gewaltig aber auch in den Männern, die ihrem Stamme, ihrem Volke in diesem Kampf und Streit Führer waren zu Sieg und auch zu Tod.

Freilich sind die Nachrichten, die uns von diesem Heldenkampf erzählen, recht spärlich, ganz abgesehen davon, daß sie ausschließlich von der Seite der Gegner stammen, daher so manches bewußt und unbewußt anders darstellen, als es von germanischer Seite sich ansah, und so manches uns auch verschweigen, selbst wenn sie vollständig auf uns gekommen wären. Doch auch davon besitzen wir nur Trümmer, die die Laune des Zufalls uns erhalten. Aber wenn auch so manches Helden Namen verloren ist und wir von so manchem, der kraftvoll und voll Erfolg sein Volk geleitet, nur noch den Namen erfahren, nichts aber von seinen Taten im Einzelnen, so will es doch scheinen, daß wir gerade von den Männern ein volleres Bild uns noch machen können, die, an den entscheidenden Abschnitten dieser Hochzeit unseres Volkes stehend, führerhaft neue Wege gewiesen.

Mag auch diesen Bildern dieser oder jener menschlich vertiefende und wertvolle Zug, den wir ungern missen, fehlen, weil den auf uns gekommenen Nachrichtentrümmern nicht mehr als grobe Umrißlinien abzuringen sind, so gewinnen wir doch von ihrem Wirken und Planen eine Vorstellung, die manchen bedeutsamen und wichtigen Allgemeinschluß zuläßt. Sie alle, der Suebe Ariovist, der Cherusker Armin, der Markomanne Marbod, der Bataver Civilis, der Franke Arbogast, der Vandale Stilicho, der Gote Alarich und der Vandale Geiserich, deren Leben im folgenden geschildert werden soll, sind Männer der Tat; Männer, die ihre Kraft im Kampfe entfalten, Männer, die nicht angekränkelt sind von dem dogmatisierenden Formalismus einer überalterten Welt, sondern die kühn in das Räderwerk des Geschehens greifen und das Rad nun nach ihrem eigenen Willen, der Kraft aus dem eigenen naturhaften Sein nur schöpft, zu lenken sich mühen, freien Sinnes ihrer Zeit gegenübertretend. Doch wäre es vollkommen verfehlt, sie etwa als wilde Unholde aufzufassen, die, aus ihrer Urwaldheimat hervorbrechend, einer tausendjährigen Kultur gegenüber nichts anderes verstanden hätten, als, ungebändigte Kraft verströmend, nur zu zertrümmern und zu zerschlagen.

Mangelten ihnen auch Exerzierreglements und taktische Handbücher und Abhandlungen über Staatstheorien, so lehren uns ihre Werke, daß sie alle diese Aufgaben in einer Weise zu meistern wußten, die klare Verstandesschulung und reifes Wissen um die Forderungen der Gemeinschaft zur unablässigen Voraussetzung haben. Was ein Ariovist oder Armin oder Arbogast oder Geiserich in Vorbereitung und Anlage und Durchführung von Krieg und Kampf geleistet, ist nicht nur würdig der größten Meister des Krieges und läßt sich nicht aus bloß naturhafter Anlage erklären, sondern hat zur Grundlage Wissen um die Gesetze der Kriegsführung, das aus tiefer Kenntnis der eigenen militärischen Volkskräfte und deren Verwendungsmöglichkeiten und ebenso der Stärke und Art des Gegners erwächst. Doch nicht minder groß ist, was auf militärisch-organisatorischem Gebiet, so dürftig auch die erhaltenen Nachrichten sein mögen, Marbod in seinem Reiche geschaffen.

Und vergegenwärtigen wir uns die Schwierigkeiten der primitiven Zustände, so darf die politische Leistung Armins und Marbods, die eine große Zahl von Stämmen zu gemeinsamer politischer Arbeit zusammenzuschließen verstanden, nicht geringer veranschlagt werden als die diplomatische Arbeit eines Geiserichs, dessen Blick und einigender oder trennender politischer Wille von Spanien bis Byzanz und von Afrika bis nach Gallien und den Donaulanden reichte.

Ebenso wird die vielseitige Schulung und das hohe Können germanischer Kraft klar, wenn wir sehen, wie Arbogast und erst recht Stilicho, nicht minder aber Alarich, in das vielfältige Getriebe des römischen Weltreichs gestellt, sich in das wogende Spiel der verschiedenen in dem weitgedehnten und den mannigfaltigsten Interessen unterworfenen Reiche gegeneinander und miteinander wirkenden Kräfte einzufügen und es ihren eigenen Zielen und Plänen unterzuordnen verstehen. Nicht ungezügelte, tobende Kraft ist hier am Werke, sondern feines, biegsames Können, das aber unbeirrbar ist in seinem kraftvollen Wollen.

Doch wenn uns das Wirken dieser Männer zeigt, daß unsere Altvorderen keineswegs ungelenke, bloß etwa auf Vernichtung alles Fremden ihre Kraft abstellende Barbaren waren, sondern gleichwertig in ihrem Können und überlegen in ihrem naturhaften Wollen und gesünderen Ethos der Welt der Antike gegenübertraten, so lehren uns ihre Schicksale auch noch etwas anderes. Rufen wir uns noch einmal die Namen Ariovist, Armin, Civilis, Alarich und Geiserich ins Gedächtnis und stellen wir ihnen Marbod, Arbogast und Stilicho gegenüber. Sie alle sind nach ewigem Gesetz ins Grab gesunken; den einen deckt Heimaterde, der andre liegt fern in fremdem Boden; kaum einer starb einen natürlichen Tod. Wie Kampf ihren Leben war, so fanden die meisten von ihnen im Kampf den Tod und aller Wirken ist nur ein kleiner Abschnitt im ununterbrochenen Laufe der Zeiten gewesen. Und doch liegt zwischen dem Ringen und Sterben der einen und dem Tun und Vergehen der anderen eine Kluft, die durch nichts überbrückbar ist. Hat Ariovist durch den Vorstoß in linksrheinisches Land für alle Zeiten den Rhein zu deutschen Landes Strom gemacht, hat Armin das deutsche Volk vor Verwelschung bewahrt, hat Civilis der Knechtung seines Stammes Einhalt geboten, hat Alarich sein Volk vor der Zermalmung zwischen Ostrom und Westrom gerettet, hat Geiserich seinem Volke einen Staat geschaffen, vor dessen militärischer Kraft die ganze Mittelmeerwelt erzittert und vor dessen sittlicher Stärke selbst seine katholischen Gegner sich anerkennend beugen mußten, so mangelt den Werken Marbods und Arbogasts und Stilichos, so gewaltig und eindrucksvoll ihr Tun auch im einzelnen sein mochte, die fruchtbar schöpferische Wirkung, die gesunde Weiterentwicklung ausströmt.

ERSTER TEIL

Ariovist

Viele Winter waren ins Land gekommen, seitdem die Kimbern und Teutonen elbaufwärts nach dem sonnigen Süden gezogen waren und ganz Italien in Schrecken versetzt hatten, doch noch immer war unter den Stämmen der deutschen Gaue die Ruhe nicht eingekehrt. Insbesondere waren es die Sueben, welche ein Menschenalter nach den Kimbern aus ihrer Heimat an der Ostsee aufbrachen und nach dem Südwesten vorstießen, wo sie im Gebiet des Mains weite Landstriche gewannen und auch eine Reihe von benachbarten Stämmen ihrer Herrschaft unterwarfen.

Im Norden waren sie zunächst Grenznachbarn der rheinanwohnenden Ubier, die sie zwar trotz langer Kämpfe nicht aus ihrem Gebiet zu verdrängen vermochten, aber wenigstens zu Abgabeleistungen zwangen. Weiter nach dem Osten hin werden sie wahrscheinlich bis an den Harz und das Vogelgebirge gesiedelt haben, wo die jenseits wohnenden Cherusker ihrer weiteren Ausdehnung eine Schranke setzten. An ihrer eigentlichen Ost- und Südostgrenze gelang es ihnen, das von ihnen als Grenzwehr besonders bevorzugte Ödland in einer bedeutenden Tiefenausdehnung zu schaffen, indem sie, selbst vermutlich bis an das Fichtelgebirge und den Böhmerwald heran siedelnd, die jenseits hausenden Boier zwangen, ihre Heimat aufzugeben. Im Süden sind sie wohl bis an die Donau vorgedrungen und erfüllten schließlich auch die Rheinebene als Nachbarn der nach Süden abgedrängten Helvetier. Gern wüßte man, ob diese Bewegung von mehr oder weniger natürlichen Zufälligkeiten ausgelöst und geleitet wurde und als eine unpersönliche Volksbewegung aufzufassen oder ob sie von einem Einzelnen in wohlerwogenen

Bahnen zur Abwicklung gebracht worden ist. Hierüber aber fehlen uns eindeutige Nachrichten.

Wir können nur soviel sagen, daß um das Jahr 70 v. Chr. der suebische Stammesverband unter der Führung der überragenden Persönlichkeit Ariovists stand, der von den Seinen als Herzog, von den Fremden als König bezeichnet wurde. Gewiß sind die Nachrichten, die uns über diesen Suebenfürsten zur Verfügung stehen, äußerst dürftig, doch wäre aufgrund der Überlieferungslage irgendeine Andeutung zu erwarten, wenn Ariovist einem alten suebischen Königs- oder Fürstengeschlecht entstammte. Davon hören wir nichts und da will es das Wahrscheinlichere dünken, daß Ariovist erst auf der gewaltigen Heerfahrt seines Volkes von der Ostsee nach den westlichen Gauen deutsches Landes die Würde, in der er uns entgegentritt, nach dem Recht des erfolgreichen Führers im Felde sich erworben hat. So dürften wir in ihm, dessen suebische Gemahlin anscheinend auch fürstlicher Abstammung entbehrte, den Mann erkennen, der als wahrer germanischer Herzog seinem Stamm neues Land erkämpfte und diese Speerbeute in umsichtiger und energischer Arbeit zu sichern wußte.

Doch auch die neue Heimat genügte der ständig wachsenden Bevölkerung nicht mehr; es galt, neuen Siedlungsraum der Jungmannschaft zu gewinnen. Jenseits des Rheins in Gallien winkten fettes Ackerland und weite Fluren und mannigfacher Reichtum, wie man ihn sich in den dunklen heimischen Wäldern, die jeden mühsam gerodeten Ackerfleck von neuem zu verschlingen drohten, gar nicht vorstellen konnte. Dies weite Land wäre wohl nach dem Sinne der kampfesfrohen Germanen gewesen.

Drüben im gallischen Lande herrschte zwischen den Äduern, die schon lange in günstigen Beziehungen zu den Römern standen, und den Sequanern Streit. Anlaß scheint die Frage gegeben zu haben, wem der Verkehrszoll auf der Saône, die die Grenze zwischen den beiden Stämmen bildete, zufallen solle; in Wahrheit freilich ging es um den Primat in Gallien selbst. Doch die Sequaner konnten sich im Kampf gegen die Äduer nicht durchsetzen, wobei deren Unterstützung durch die Römer sicher nicht bedeutungslos gewesen war. So bemühten sich die Sequaner um auswärtige Hilfe und sandten ihre Werber zu den Ger-

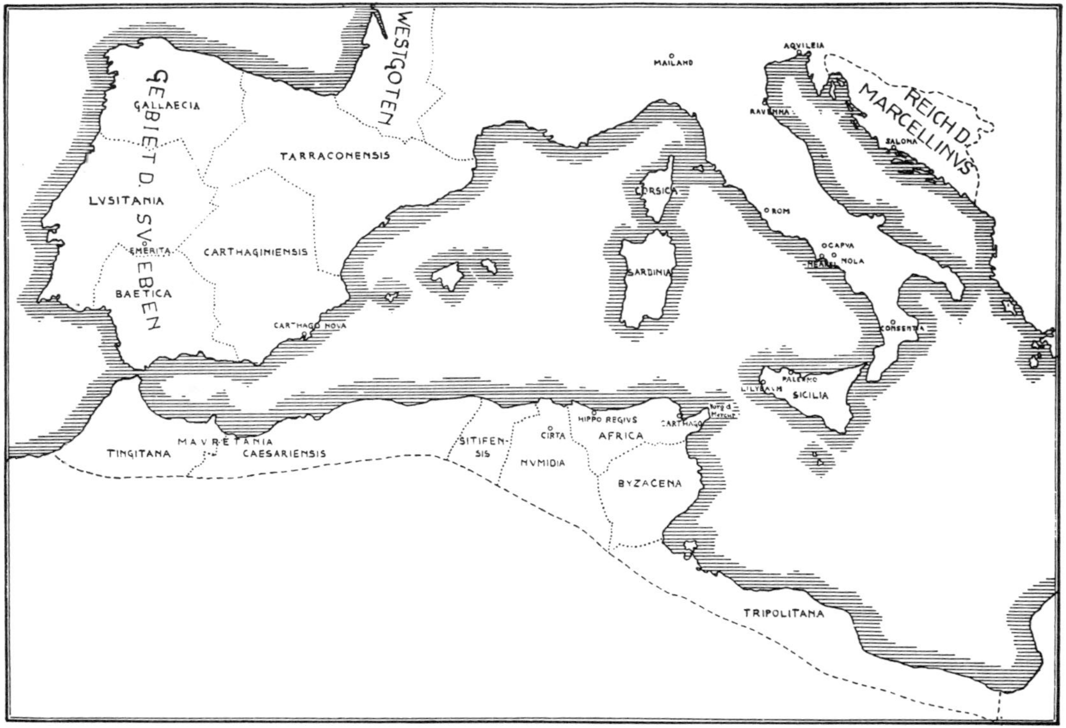

Das Westbecken des Mittelmeeres in der Spätantike

Ältester Kopf eines Germanen

manen jenseits des Rheins, mit denen sie im nachbarlichen Verkehr bereits manche Verbindung angeknüpft hatten und deren militärische Tüchtigkeit man insbesondere anläßlich ihrer wiederholten Grenzkämpfe mit den Helvetiern bewundern gelernt hatte.

Ariovist kam unter Festsetzung entsprechender Gegenleistung dem Hilfegesuch der Sequaner nach und bot zunächst ein Heer von 15 000 Mann auf, das er über den Rhein führte. Wie sich dann die Kämpfe gegen die Äduer im einzelnen abspielten, entzieht sich unserer Kenntnis. Doch müssen wir annehmen, daß es den Äduern gelang, vielleicht unter dem Druck des germanischen Einfalles, eine ziemlich bedeutende Koalition gegen Ariovist zusammenzubringen; er mußte sich in sumpfiges Gelände zurückziehen und wurde hier von den vereinigten gallischen Heerhaufen umlagert, ohne allerdings seinen Gegnern auch nur die geringste Möglichkeit zu einem Angriff zu gewähren, obgleich er ihnen zahlenmäßig offenbar weit unterlegen war. Doch seine Ausdauer führte zu dem erhofften Erfolg. Die Gallier ließen es, durch die lange Dauer des Stellungskrieges zermürbt, an den nötigen Sicherungsmaßnahmen fehlen, lokkerten den Belagerungsring da und dort und erlagen einem Überraschungsangriff des Ariovist. Ob diese für das Kampfverhalten Ariovists, das hier so ganz im Gegensatz zu dem den Germanen sonst nachgesagten wilden Draufgängertum steht, äußerst bezeichnende Schilderung mit der Entscheidungsschlacht zwischen den Äduern und Ariovist in Verbindung gebracht werden darf, ist fraglich. Jedenfalls gelang es ihm, vermutlich im Spätsommer des Jahres 61 v. Chr., seine Gegner völlig niederzuwerfen. Nahezu der gesamte Adel der Äduer fiel in der Schlacht, die bei Magetobriga an der Saône geschlagen wurde; ihr Stamm war nun den Sequanern botmäßig und mußte diesen wie auch Ariovist, dem sie auch noch jährlich einen Tribut leisten mußten, eine Reihe von Geiseln stellen.

Die Sequaner hatten mit germanischer Hilfe ihr Ziel erreicht und mußten jetzt natürlich auch ihren seinerzeit übernommenen Verpflichtungen gegen Ariovist nachkommen. Diese waren keineswegs gering; denn Ariovist hatte für seine Waffenhilfe, ähnlich wie es später die germanischen Stämme in der Zeit der

Völkerwanderung vom römischen Imperium verlangten, die Abtretung eines Drittels des sequanischen Gebietes gefordert. Das mußten die Sequaner nun ausliefern, und die westliche Rheinebene bis an die Vogesen ging in den Besitz des Ariovist über, der hier seine Kampfgefährten ansiedelte und auch vom rechtsrheinischen Land Stammesgenossen nachkommen ließ, so daß aus dem Heerhaufen von 15 000 Mann in kurzer Frist eine Bevölkerung von 120 000 Köpfen wurde, die sich in dem Lande ausbreiteten. Damals ist das Elsaß zum deutschen Land geworden.

Doch Ariovist hatte diesen Erfolg, der sein Ansehen in ganz Mitteleuropa gewaltig steigerte, nicht nur der militärischen Kraft seines Stammes zu verdanken, sondern hatte es auch verstanden, durch eine geschickte Diplomatie seine Gegner zu schwächen. Nicht zuletzt hatte der frühere Erfolg der Äduer auf der Unterstützung beruht, die sie bei Rom gefunden hatten, das natürlich großen Wert darauf legte, die Nachbarn der narbonensischen Provinz sich zu guten Freunden zu machen. Hier setzte nun Ariovist ein und war bestrebt, Rom auf seine Seite zu ziehen. Im Jahre 62. v. Chr. war es, daß er dem Statthalter von Gallien D. Cäcilius Metellus Celer eine Anzahl von „Indern“ zum Geschenk machte. Gewiß ist diese Nachricht, ganz abgesehen von den geographischen Schlußfolgerungen, die im Altertum daraus gezogen wurden, in dieser Hinsicht, daß es sich bei den verschenkten Leuten um Inder gehandelt hat, unzutreffend; richtig aber ist ebenso sicher, daß Ariovist irgendwelche exotischen Leute dem römischen Beamten zum Geschenk machte und auf diesem Weg nicht unbedeutenden Einfluß in Rom sich zu schaffen vermochte. Tatsächlich griff man auch fürderhin auf römischer Seite in den Kampf zwischen den Äduern und Ariovist nicht ein. Auch nicht, als die Äduer überwunden waren und damit der germanische Einfluß, wenn auch vorläufig mittelbar, sich bis an die narbonensische Grenze ausgedehnt hatte.

Wohl gab es in Rom eine nicht unbedeutende Gruppe von Politikern, die hierin eine große Gefahr für die römische Herrschaft sahen; daraus erklärt es sich auch, daß für das Jahr 60 v. Chr., in dem auch Cicero in einem Privatbrief seinem Bedauern über das Mißgeschick der Äduer lebhaften Ausdruck verlieh, die beiden gallischen Provinzen, also Oberitalien und die Provence, vom Senat außerordentlicher Weise den beiden Konsuln selbst zugewiesen wurden. Auch ein Äduer namens Divitiacus, der sich aus der Schlacht gegen Ariovist gerettet und sich dann auch der Gefahr, als Geisel zu dem Germanenkönig gehen zu müssen, geschickt entzogen hatte, kam nach Rom, um den Senat um Hilfe für seine bedrohte Heimat zu bitten. Doch es war alles vergebens; Rom tat nichts für die Äduer. Es ist schwer, dabei nur an ein bloß zufälliges Zusammentreffen zu glauben, daß die Bemühungen des Divitiacus gerade in dem Jahr so völlig erfolglos waren, in dem O. Cäcilius Metellus, den Ariovist vor zwei Jahren beschenkt hatte, das Amt eines Konsuls bekleidete. Man wird wohl annehmen dürfen, daß durch diesen hohen Beamten Ariovist es verstand, seine Wünsche in Rom zur Geltung zu bringen. Und er erreichte bald noch mehr. Im Jahre 59 v. Chr., als einer der Konsuln in Rom kein Geringerer als C. Julius Cäsar war, wurde Ariovist als rex amicus populi Romani, als selbständiger König und Freund des römischen Volkes durch den Senat anerkannt und offiziell in das Verzeichnis der mit Rom befreundeten Könige tatsächlich aufgenommen.

Er war der erste Germanenfürst, der von der römischen Großmacht, die schon damals auch Weltmacht war, die Anerkennung als gleichberechtigter, selbständiger Herrscher erreicht hat. Es war das nach dem militärischen Sieg über die Äduer ein sehr bedeutender außenpolitischer Erfolg, der Ariovists Stellung gegenüber den Galliern nicht unwesentlich beeinflußte. Es wäre auch sehr verständlich, daß diese Verständigung Ariovists mit Rom für den norischen König Boccio, der gleichfalls in einem freundschaftlichen Verhältnis zu Rom stand, der Anlaß war, seine Schwester dem Germanenfürsten, wiewohl er bekanntlich schon mit einer Suebin verheiratet war, zur Frau zu geben und sie ihm nach Gallien zuzuschicken; allerdings muß dieser Zusammenhang angesichts der Dürftigkeit der Nachrichten Vermutung bleiben.

Sicher ist hingegen, daß Ariovist, gestützt auf sein günstiges Verhältnis zu Rom, nun gegen die Gallier energischer vorgehen und das germanische Siedlungsgebiet ungehinderter ausdehnen zu können hoffte. Neuerdings waren von Jütland her, der kimbrischen Halbinsel der Alten, nicht weniger als 24 000 Haruden zugewandert, denen es Wohnsitze zu schaffen galt, und rechts vom Rhein sammelten sich bereits wieder größere Scharen suebischer Stämme, die gleichfalls bereit waren, dem Rufe zur Wanderung nach dem Westen Folge zu leisten. So kam es, daß Ariovist im Vertrauen auf seine überlegene Militärmacht an die Sequaner die Forderung richtete, ein weiteres Drittel ihres Landes seinen Mannen abzutreten. Die Sequaner werden nicht ohne weiteres gewillt gewesen sein, dieser neuen Forderung, die über die alten Verpflichtungen weit hinausging, nachzukommen, und haben sicher getrachtet, in Verhandlungen Zeit und womöglich auch Helfer gegen die Germanen zu finden. Inzwischen verstärkte sich aber auch der Druck der Germanen auf ihre südlichen Nachbarn, die Helvetier, die sich in ihrer Heimat immer mehr eingeengt fühlten und sich schließlich zur Auswanderung nach dem südwestlichen Gallien entschlossen.

Doch Cäsar, der damals die Statthalterschaft der gallischen Provinzen versah, erkannte die volle Größe der Gefahr, die aus einer Abwanderung der Helvetier aus ihrer Schweizer Heimat dem römischen Reiche erstehen mußte. Denn in das von ihnen verlassene Gebiet wären selbstverständlich die Germanen des Ariovist eingedrungen und damit zu unmittelbaren Nachbarn der Römer geworden, was schon aus rein militärischen Gründen nach den Erfahrungen, die man bisher in Rom mit den Germanen gemacht hatte, wenig wünschenswert erscheinen mußte. Dazu kam aber als weiterer wichtiger Grund, daß dadurch die Einfallspforte für die Germanen nach Gallien erweitert worden wäre und man ganz Gallien, wie Divitiacus mit Recht anläßlich einer Unterredung mit Cäsar hervorhob, der Gefahr einer germanischen Überflutung ausgesetzt hätte. In einem entschieden bewunderungswerten Feldzug gelang es Cäsar, die Helvetier zum Verbleiben in ihrer Schweizer Heimat zu zwingen.

Damit war die germanische Gefahr unzweifelhaft eingedämmt, aber keineswegs beseitigt, wie das Vorgehen des Ariovist gegen die Sequaner zeigte. So hätte Cäsar vom römischen Standpunkt aus notwendigerweise sich in die gallischen Verhältnisse einmengen müssen, selbst wenn nicht die Bitten der Äduer um Hilfe einen äußeren Anlaß dazu geboten hätten. Denn gaben die Sequaner den Forderungen des Ariovist nach und lieferten ihm auch ein zweites Drittel ihres Besitzes aus, so war die Burgunder Pforte in germanischen Händen. Das zu vermeiden, war rasches Handeln notwendig, und Cäsar war nicht der Mann, der sich angesichts solcher folgenschweren Tatsachen etwa durch sentimentale Erinnerungen daran, daß unter seinem Konsulat Ariovist zum Freund des römischen Volkes ernannt worden war, in seinen durch römische Interessen bedingten Plänen hätte behindern lassen.

Die Hilfegesuche der Gallier und insbesondere den Umstand, daß auch die Äduer in einem offiziellen Freundschaftsverhältnis zu Rom standen, zum Vorwand nehmend, richtete er an Ariovist die Aufforderung, zu einer Besprechung vor ihm zu erscheinen, was der Germane unter Hinweis auf seine auch in Rom ausdrücklich anerkannte Stellung als unabhängiger König mit berechtigtem Unwillen ablehnte; wenn Cäsar etwas von ihm wünsche, so möge er zu ihm kommen. Daraufhin richtete Cäsar durch eine neue Gesandtschaft folgende Forderungen an Ariovist, die bereits entschieden ultimativen Charakter trugen:

1. Er solle weiter keine Menschen über den Rhein nach Gallien führen;
2. Er solle die Geiseln, die er von den Äduern hätte, diesen zurückgeben;
3. Er solle den Sequanern gestatten, die Geiseln, die sie von den Äduern hätten, diesen gleichfalls zurückzugeben und
4. Er solle sich verpflichten, nichts gegen die Äduer zu unternehmen und weder sie noch ihre Bundesgenossen zu bekriegen.

Es ist eigentlich selbstverständlich, daß Ariovist diese Forderungen des römischen Feldherrn als eine völlig ungerechtfertigte Einmischung in seine eigenen Gerechtsame ablehnte und Cäsar wissen ließ, daß er auch vor einem Kriege nicht zurückschrecke, falls der Römer irgendetwas zur Erzwingung dieser Forderungen unternehmen sollte.

Cäsar war sich dessen vollkommen bewußt, daß er sich eines Friedensbruches schuldig machte, doch die germanische Gefahr schien ihn dazu zu zwingen. Sagt er doch in seinen Denkwürdigkeiten über den gallischen Krieg folgendes über seine damaligen Überlegungen: „Er kam zu der Erkenntnis, daß sich die Germanen allmählich gewöhnten, den Rhein zu überschreiten, und erkannte die Gefahr für das römische Volk, wenn nach Gallien eine große Menge von ihnen käme; er glaubte auch nicht, daß die rohen und barbarischen Menschen darauf verzichten würden, wenn sie einmal ganz Gallien in Besitz genommen hätten, wie einst die Kimbern und Teutonen in die römische Provinz einzubrechen und von da nach Italien zu ziehen, zumal da die Sequaner von unserer Provinz nur durch die Rhône getrennt sind; diesen Gefahren meinte er möglichst schnell vorbeugen zu müssen." Um so größere Eile schien geboten, als ihm die Meldung zukam, daß zahlreiche neue Hundertschaften der Sueben am Rhein angelangt seien und bereits Anstalten machten, den Fluß zu überschreiten. Daraus hätte Ariovist bedeutende Verstärkungen gewinnen können und so war es für Cäsar ein Gebot der Stunde, so schnell als möglich den Germanenkönig zum Kampf zu zwingen, bevor er sich noch mit diesen neuen Scharen vereinigen konnte. So gab er seiner Armee von sechs Legionen und entsprechenden Hilfstruppen den Marschbefehl.

Doch auch Ariovist hatte klar erkannt, daß die vorliegenden Schwierigkeiten durch Verhandlungen nicht zu bereinigen waren und bot auch seine Mannen auf. Leider sind wir über die Stärke seines Heeres nicht genauer unterrichtet; doch ist es vollkommen verfehlt, wenn hin und wieder behauptet wird, daß er den römischen Truppen zahlenmäßig weit überlegen gewesen war. Schon aus dem völligen Schweigen Cäsars und auch aus der Bemerkung, daß er im Notfall den Angriff auf Ariovist auch nur mit der einen, ihm besonders ergebenen zehnten Legion wagen würde, ergibt sich unzweifelhaft, daß Ariovist der zahlenmäßig weitaus Schwächere war. Trotzdem wollte er aber anscheinend versuchen, den Kampf in das neuerdings von den Sequanern geforderte Land vorzutragen, um so seinen eigentlichen Besitz vor Kriegsschäden zu bewahren. Die von Natur aus als Festung äußerst günstige Siedlung Besançon (Besontio) hatte er dabei zu seinem Stützpunkt ausersehen; drei Tagesmärsche war er bereits von seinem Gebiet aus vorgerückt. Doch die Entscheidung brachte in diesem Falle die bessere Schule und Organisation der

Truppe; in Tag- und Nachtmärschen vorwärts eilend, konnte Cäsar seinem Gegner zuvorkommen und den wichtigen Platz, den Hauptort der Sequaner, besetzen. Nachdem er die entsprechenden Maßnahmen zur Sicherung des Nachschubes getroffen und eine aus der Angst vor den Germanen in seinem Heere drohende Meuterei erstickt hatte, setzte er den Vormarsch unverzüglich fort. Sechs Tage lang wurde in schärfstem Tempo marschiert, wobei man allerdings auf Rat der gallischen Führer ziemlich bedeutende Umwege machte, um nicht in schwieriges Terrain, wo man offenbar einen Überfall des Feindes fürchtete, zu kommen. Am siebenten Tag erhielt Cäsar die Meldung, daß das Heer des Ariovist nur mehr rund 35 km entfernt sein, und ließ Lager schlagen.

Hier erreichte ihn auch eine Gesandtschaft des Ariovist, der seine Bereitwilligkeit zu einer Unterredung ausdrücken ließ. Wiewohl keiner der Partner ernstlich glauben konnte, durch Verhandlungen etwas zu erreichen, so waren anscheinend beide bestrebt, die Schlacht noch hinauszuschieben. Cäsar mußte es nur recht sein, wenn er seine Truppen nach dem Gewaltmarsch erst etwas ausruhen lassen konnte, bevor er sie zum Angriff auf den gefürchteten Gegner führte, und Ariovist wird andererseits angesichts des zahlenmäßig überlegenen Gegners bestrebt gewesen sein, noch Verstärkungen heranzuziehen. Er wußte ja mindestens so gut wie Cäsar, daß jenseits des Rheines mehrere suebische Hundertschaften im Anmarsch waren. Zudem mußte ihm daran gelegen sein, die Römer möglichst lang untätig festzuhalten, da er dann am ehesten hoffen konnte, daß sie im Hinblick auf ihre lange Nachschublinie in Verpflegungsschwierigkeiten gerieten. Denn aus dem Lande selbst sich zu verpflegen, konnte für die Römer nur in bescheidenem Umfange in Frage kommen, da sie daran die weit überlegene germanische Reiterei zu hindern in der Lage war.

Tatsächlich kam die Unterredung auch erst am fünften Tage zustande. Die beiden Feldherren kamen auf einem halbwegs zwischen ihren beiden Lagern gelegenen Hügel zusammen, doch führten die Verhandlungen, da Cäsar an seinen ursprünglichen Forderungen festhielt, wie zu erwarten stand, zu keinem Ergebnis. Doch Cäsar wagte noch immer keinen Angriff. Da lud

Ariovist nach zwei Tagen seinen Gegner zu neuerlichen Besprechungen ein; doch Cäsar begnügte sich, zwei Gesandte zu schikken, die Ariovist, als sie in sein Lager kamen, aus für uns undurchsichtigen Gründen festnehmen ließ. Gleichzeitig rückte er mit seinem Heer bis auf etwa 9 km an das Lager Cäsars heran und richtete am Fuße eines Berges seine Wagenburg auf. Schon am nächsten Tage marschierte er dann mit seinem Heer an dem Lager der Römer vorbei und schlug etwa 3 km im Rücken des Gegners sein neues Lager auf, so daß er die Nachschublinie der Römer auf das schwerste bedrohte.

Bedenkt man, daß das Heer des Ariovist keineswegs nur aus Kämpfern bestand, sondern auch Weiber und Kinder und Herdenvieh mit sich führte und daß es durch seinen Wagenpark äußerst schwerfällig war, so muß diese Umgehung des römischen Lagers am hellichten Tage als eine Meisterleistung der Manövrierkunst des Ariovist gewertet werden. Um so erstaunlicher ist es, daß Cäsar, der doch wahrlich kein unbedeutender Feldherr war, diese Umgehung durch den Feind, dem damit die römische Zufuhr ausgeliefert war, ohne den geringsten Störungsversuch hinnahm. Die Erklärung hierfür liegt in der Eigenart der germanischen Reiterei. Durch Cäsar selbst erfahren wir, daß Ariovist über eine rund 12 000 Mann starke Truppe verfügte, die zur Hälfte aus Reitern bestand; die andere Hälfte bildeten Fußsoldaten „und zwar die schnellsten und tapfersten, die sich die einzelnen Reiter aus der ganzen Masse der Krieger, jeder einen zu seiner eigenen Sicherheit ausgewählt hatten; mit diesen kämpften sie in der Schlacht und auf sie zogen sich die Reiter zurück; sie eilten, wenn es heiß zuging, zusammen; wenn einer schwer verwundet vom Pferde gesunken war, stellten sie sich als Verteidiger um ihn herum; wenn es erforderlich war, irgendwohin weiter vorzustoßen oder rasch zurückzugehen, dann zeigten sie dank langer Übung eine solche Schnelligkeit, daß sie, sich an den Mähnen der Pferde festhaltend, mit ihnen im Lauf Schritt halten konnte“. Dieser germanischen Elitetruppe war die gallische Reiterei, über die Cäsar verfügte, nicht gewachsen, und gegen sie konnten auch die Legionen, zumal wenn es aufwärts zu stürmen galt, wie in diesem Falle, wenig oder gar nichts ausrichten.

So hatte Ariovist in kluger Ausnützung der Eigenart seiner Truppe und des Terrains diesen nicht unwesentlichen Manövererfolg erzielen können, von dem er hoffte, daß er ihm den Gegner ausliefern würde. Fünf Tage hindurch versuchte nun Cäsar, den Kampf zu erzwingen; doch vergebens; Ariovist blieb seinem Grundsatz treu und hielt seine Leute im Lager zurück; nur die Reiterei ließ er vorgehen und dem Feind Abbruch tun. Endlich mußte sich Cäsar entschließen, sich aus der infolge des Ausbleibens der Zufuhren, die ihm Ariovist abfing, immer bedrohlicheren Lage zu befreien und trachten, jenseits des Germanenlagers wieder festen Fuß zu fassen. Damit hatte offenbar Ariovist gerechnet; doch wenn er gehofft hatte, daß Cäsar nun sein Lager aufgeben und im Gefechtsmarsch an den Germanen vorbeiziehen würde, um weiter rückwärts in entsprechendem Abstand ein neues Lager zu schlagen, wobei Ariovist damit rechnete, das feindliche Heer während des Marsches in einem Flankenstoß fassen zu können, so sah er sich in dieser Erwartung bald enttäuscht.

Denn Cäsar ließ, worin ja auch seine ziffernmäßige Überlegenheit zum Ausdruck kommt, sein Heer in drei geschlossenen Treffen vorrücken und, nachdem er etwa 600 Schritte, also ungefähr einen Kilometer über das Germanenlager hinaus war, Halt machen. Die beiden ersten Treffen verblieben in der Schlachtlinie und nur das dritte Treffen mußte nun im Schutze er Kameraden ein Lager schlagen. Wohl versuchte Ariovist, die Arbeit zu stören, doch gegenüber der Gesamtheit der Legionen konnte die von ihm aufgebotenen Reiterei, welche er durch 16 000 Mann verstärkt hatte, nichts ausrichten. Am Abend konnte Cäsar nach Fertigstellung des neuen Lagers, wo zwei Legionen verblieben, mit den restlichen vier Legionen in das alte Lager zurückmarschieren.

Aus dieser so gewonnenen Zangenstellung heraus versuchte er nun am nächsten Tage, Ariovist zur Schlacht zu zwingen; abermals vergebens. Als er dann mit den vier Legionen in das große Lager zurückgegangen war, setzte Ariovist mit seinen Leuten zum Sturm auf das kleine Lager an, während die germanische Reiterei Cäsar mit seinen vier Legionen im großen Lager festhielt. In äußerst verlustreichem Kampf gelang es den Römern im kleinen Lager schließlich doch, den Angriff des Ariovist abzuschlagen.

Cäsar hatte aber inzwischen von gefangenen Germanen in Erfahrung gebracht, daß Ariovist mit Rücksicht auf den Spruch der weisen Frauen nicht vor dem Neumond die Entscheidungsschlacht wagen würde. Wenn wir auch angesichts der hohen taktischen Fähigkeiten, die Ariovist in seinem geschickten Manövrieren gegenüber den Römern erkennen läßt, bezweifeln dürfen, daß er sich in seinem militärischen Planen allein von dem Spruch der weisen Frauen leiten ließ, und vielmehr vermuten können, daß er durch andere Gründe, wie die Hoffnung auf nahende Verstärkungen zum Zuwarten bestimmt wurde, so dürfen wir doch nicht außer Acht lassen, daß derartige Weissagungen, wenn schon nicht den Führer, so doch die große Menge des germanischen Volkes wesentlich beeinflußten. Gelang es daher Cäsar, seinen Gegner vor dem Neumond zum Schlagen zu bringen, so durfte er mit einer starken moralischen Gebundenheit des Feindes rechnen. Zudem mußte er sich sagen, daß es fraglich war, ob sein neues Lager einem zweiten Angriff standhalten würde. Schließlich waren schon bald zwei Wochen seit seinem Zusammentreffen mit dem Feinde verstrichen, ohne daß etwas ausgerichtet worden wäre; ja man mußte sich sogar eingestehen, daß der Feind die Römer mehr oder weniger in Schach hielt und endlich die Verluste auf römischer Seite eher größer waren als auf feindlicher; das alles mußte die Moral seiner eigenen Truppen, die ohnedies nur mit größtem Bangen diesen germanischen Unholden entgegengezogen waren, höchst ungünstig beeinflussen. Er mußte daher den unmittelbaren Angriff auf den Feind wagen, wenn er nicht einer Zermürbung seines Heeres sich aussetzen wollte. Freilich konnte er sich nicht verhehlen, daß die Aussichten eines Sturmangriffes nicht die günstigsten waren, da seine Legionen zu der germanischen Wagenburg bergaufwärts anrennen mußten. Trotzdem gab es keinen anderen Ausweg.

Noch während der Nacht wurde die notwendige Umgruppierung durchgeführt; alle Hilfstruppen schob man nach dem neuen Lager hinüber und vereinigte die Legionen im großen Lager. In drei Treffen rückte man am nächsten Morgen bis an das Lager des Feindes heran, so daß er sich dem Kampf, wenn er sich nicht einem Sturmangriff auf sein eigenes Lager aussetzen wollte, nicht entziehen konnte. Nach den einzelnen Stämmen geordnet, ließ nun Ariovist in gleichen Abständen seine Mannen Aufstellung nehmen: die Haruden, Markomannen, Triboker, Vangionen, Nemeter, Gedusier und schließlich die Sueben selbst. Der Sitte gemäß fuhren hinter der Front die Wagen auf, auf denen die Frauen mit Zuruf den Kampf ihrer Männer begleiteten. Lang tobte der Kampf hin und her; die Germanen schlugen sich, wie selbst ihr Überwinder zugeben muß, hervorragend und hielten lange Zeit dem wütenden Angriff der feindlichen Übermacht wie eine Mauer stand. Endlich gelang des Cäsar, auf dem von ihm selbst geführten rechten Flügel die Oberhand zu gewinnen; doch schon schien es, als ob die Germanen, deren Führung nicht minder umsichtig sich zeigte, auch diesen Erfolg ausgleichen würden, indem sie den römischen linken Flügel immer energischer zurückdrängten; schon wurde aus dem Zurückweichen der Legionen aufgelöste Flucht, da setzten die Römer an dem bedrohten Abschnitt das dritte Treffen ein, das bisher in die Schlacht nicht eingegriffen hatte. Diesen frischen Truppen hatten die Germanen, da ihnen die Idee der Gefechtsreserve nicht geläufig war, nichts mehr entgegenzustellen. Die schon hart abgekämpfte Linie konnte trotz tapferster Gegenwehr dem neuen Angriff nicht mehr standhalten. Damit war das Schicksal des Ariovist und der Seinigen besiegelt. Die weisen Frauen hatten recht behalten.

So gut es ging, kämpfte man noch, um wenigstens einen Teil der Wagen und Weiber vor den Feinden zu retten und wandte sich dann zur Flucht dem Rhein zu, der etwa 7,5 km vom Schlachtfeld entfernt vorbeifloß. Nur wenige erreichten, von der Reiterei der Römer verfolgt, das jenseitige Ufer des schützenden Stromes. Unter diesen war auch Ariovist, ein gebrochener Mann; beide Gattinnen, die Suebin und die norische Königsschwester, waren auf der Flucht umgekommen, ebenso eine seiner Töchter; die zweite war in der Gewalt des Feindes.

Er hat den Tag, der ihm sein westrheinisches Reich zerschlagen und seine Familie geraubt hat, anscheinend nicht lange überlebt. Er scheint nicht mehr daran gedacht zu haben, den Vorstoß zu erneuern, denn Cäsars, seines großen Besiegers, Bericht schließt mit der Bemerkung, daß die Sueben, welche sich am Rheinufer gesammelt hatten, worin wir offenbar die von Ariovist vergeblich erwarteten Verstärkungen erkennen dürfen, nach Hause zurückkehrten. Sonst hören wir nichts mehr von dem großen Suebenkönig, der uns nach dem Worte eines hervorragenden Kenners der Kriegsgeschichte in seinen geschickten und kühnen, geradezu kunstvollen Manövern zeigt, „daß von Anbeginn an nicht bloß das sozusagen wilde, sondern auch das höhere, intellektuelle Moment des Krieges dem germanischen Geiste innewohnte". Und wir können nur bedauern, daß uns unsere Unkenntnis über den genauen Ort der Entscheidungsschlacht ein anschauliches Bild von dem strategischen Können des Mannes versagt, dessen politisches Geschick seinen taktischen Fähigkeiten mindestens ebenbürtig war. Daß er an einem Cäsar gescheitert ist, spricht noch lange nicht gegen seine Größe. Und wenn auch Cäsars Sieg im Elsaß über Ariovist die Gefahr, daß auf gallischem Boden ein germanisches Reich errichtet würde, auf Jahrhunderte hinaus beseitigt war, so hat auch er es nicht mehr ändern können, daß bis zum Wasgenwald hin das Land seit dem letzten vorchristlichen Jahrhundert von deutschen Siedlern besetzt ist. Und das ist die weltgeschichtliche und germanische Tat Ariovists, des Königs der Sueben.

Armin und Marobod

In schwerem Kampfe hatte Oktavian, des großen Cäsars Großneffe und Adoptivsohn, den Sieg errungen gegen Antonius und Kleopatra und damit die unumstrittene Herrschaft über das Imperium Romanum gewonnen, das die Länder des mittelländischen Meeres zu einer gewaltigen politischen Einheit zusammenschloß. Doch schon Cäsar hat über den eigentlichen Mittelmeerraum hinausgegriffen, die gallischen Lande bis an den Rhein erobert und so der römischen Politik im Norden ein neues Betätigungsfeld gewiesen, dem auch sein Nachfolger Octavianus Augustus sich nicht entziehen konnte. Denn was Cäsar hier geniehaft gefühlt hatte, mußte auch sein nüchtern denkender Erbe erkennen, daß von hier schwere Gefahren dem Weltreiche drohten.

Die römische Herrschaft war auf der italischen Halbinsel nordwärts bis an den Fuß des Alpenzuges vorgedrungen; einmal, vor fast hundert Jahren, hatte man es gewagt, in die gigantische Bergwelt einzurücken, hatte den Versuch aber bei Noreia mit einer blutigen Niederlage gebüßt. Seitdem war wohl mancher römische Händler noch in die bergumrahmten Täler gezogen, doch römische Heere waren dem rauhen Lande ferngeblieben. Mochte auch der Zustand drei Generationen schon andauern, auf die Dauer war es für das Reich unerträglich, daß diese Front von keiner sicheren Wehr geschützt war. In Gallien droben hatte man den Rhein erreicht; hier konnte man den jenseitigen Barbaren das Überschreiten der Grenze verhältnismäßig leicht wehren. Ganz anders am Rand der norditalischen Ebene; die wilden Alpenvölker brachen immer wieder überraschend aus ihren Tälern vor und stürmten die Hänge der Berge herab und verwüsteten weithin die fetten Äcker und blühenden

Gefilde römischen Landes, ohne daß eine natürliche Grenze der römischen Verteidigung einen festen Halt geboten hätte. Dabei waren die verschiedenen Stämme in den Alpen und erst recht nördlich des breiten Bergwalles in den letzten Jahren immer unruhiger geworden. Die Völkerverschiebungen nahmen immer bedenklichere Formen an und niemand konnte sagen, ob nicht in der nächsten Zeit ein ebenso gewaltiger Sturm nach dem Süden hin losbrechen würde, wie einst als die Kimbern und Teutonen gegen Italien anrückten, und unmittelbare Gefahr dem Kernland des stolzen römischen Länderkreises brächte.

Dem mußte Rom zuvorkommen, wenn noch wahres Leben den Staat erfüllte. Und Rom kam dieser Gefahr im Norden zuvor. Man beschloß, das Alpenmassiv dem Herrschaftsbereich einzuverleiben und die Grenze bis an die Donau, deren als Ister bekannten Unterlauf die römischen Legionen vor einigen Jahren erreicht hatten, vorzutragen. Im Jahre 16. v. Chr. begann die großangelegte Offensive und erst nach fast sechsjährigem Kampf war das Kriegsziel erreicht; die Donau war Reichsgrenze: Westungarn, die heutigen österreichischen Länder südlich des Stromes, ebenso Südbayern und die bislang noch freien Teile der Schweiz waren dem römischen Imperium angegliedert.

Doch schon während er ersten Kämpfe im Donauraum hatte man in Rom erkennen müssen, daß auch die Donaugrenze keineswegs die ideale Lösung darstellte, da am Zusammenschluß der beiden Flußsysteme des Rheines und der Donau eine in vielfacher Hinsicht äußerst ungünstige Einbuchtung der Grenze sich ergäbe. Zu dieser Erkenntnis ist man spätestens im Jahre 15 v. Chr. gekommen, als dem kaiserlichen Prinzen Drusus die Entdeckung der Donauquellen gelungen war. Damals müssen spätestens die Forschungen nach einer günstigeren Grenzziehung eingesetzt haben, die dann zu dem Ergebnis führten, daß man die Grenze vom Rhein bis an die Elbe vorschieben wollte, von deren Oberlauf her man verhältnismäßig leicht eine Verbindung zur Donau herstellen zu können meinte. Dadurch hätte man eine Verkürzung der Grenzlinie um rund 600 km gewonnen, was schon vom rein militärischen Standpunkt ebenso wichtig wie verlockend erscheinen mußte.

Kampf zwischen einem Germanen und römischen Reiter

Germanendarstellung auf der Marcussäule, Rom, 193 n. Chr.

Freilich gab man sich in Rom keiner Täuschung darüber hin, daß die Durchführung dieses Planes, die Eroberung des Landes zwischen Rhein und Elbe, mit einer Reihe vielfältiger Schwierigkeiten verbunden war. Man besaß gewiß nur unzulängliche Kenntnisse von dem Lande, das ein so ganz anderes, rauhes und unfreundliches Klima aufwies, als es der römische Legionär vom Süden her gewohnt war. Doch das war es nicht alleine, was der römischen Truppe Gefahren brachte. Viel bedenklicher noch war es, daß man in ein Land ziehen wollte, das auf weite Strekken von dichten, fast undurchdringlich erscheinenden Wäldern bedeckt war, wo Sümpfe und Moore die Unsicherheit erhöhten und wo es nur wenige gebahnte Wege gab, die zudem nicht für den Transport größerer geschlossener Heeresabteilungen geeignet waren. Doch noch schlimmer als das war es, daß in dem Land zum Teil ein andersartiges Wirtschaftssystem herrschte, das Cäsar in seinem berühmten Bericht über die Germanen, auf den hervorragenden Stamm, nämlich den der Sueben bezugnehmend, folgendermaßen kurz schildert: „Privateigentum an Grund und Boden, abgesondert von dem anderer, gibt es bei ihnen nicht. Man darf auch nicht länger als ein Jahr an einem Platz zur Bebauung des Ackers bleiben. Sie leben auch nicht viel von Getreide, sondern größtenteils von Milch und Vieh und sind viel auf der Jagd." Gewiß pflegten demnach die Germanen schon damals den Ackerbau, doch bei weitem nicht in so intensiver Weise, als daß man hoffen durfte, auch nur einen kleinen Teil der einrückenden Armee aus dem Lande ernähren zu können; denn zum großen Teil bildeten Herden den Lebensunterhalt der Einwohner, und diese waren für die Okkupationsarmee nur in den seltensten Fällen greifbar. Vor dem anrückenden Feind trieb man die Herden in die Wälder und entzog sie oft nur zu leicht dem in der Gegend völlig unerfahrenen Eroberer. Dazu kam aber noch, daß es in dem Lande größere städtische Siedlungen, wie man sie selbst in Gallien vorgefunden hatte, nicht gab, so daß man auch dieser Stützpunkte entbehren mußte. Nach alldem war die vordringende Armee ganz auf sich angewiesen: Sie mußte sich die Wege bauen, sie mußte den gesamten Proviant mit sich führen, sie mußte sich Magazine und andere Stützpunkte erst selbst schaffen in dem nahezu fremden Lande.

Strabo, der große Geograph der augusteischen Zeit, faßt diese Schwierigkeiten einmal in folgende Worte zusammen: „Die Barbaren führen in Sümpfen, unzugänglichen Wäldern und Einöden, unter kluger Benutzung des Geländes Krieg und rücken für diejenigen, die das Land nicht kennen, das Naheliegende in die Ferne, indem sie die Wege sowie die Möglichkeiten zur Beschaffung von Lebensmitteln und sonstigen Bedürfnissen verborgen halten."

Um diese Schwierigkeiten einigermaßen herabzumindern, mußte die römische Heeresleitung zu ganz besonderen Vorgehen sich entschließen. Und auch als im Jahre 16 v. Chr. mehrere rechtsrheinische Stämme, wie die Usipeter, Tenkterer und insbesondere Sugambrer den Strom überschritten und im linksrheinischen Gebiet der von M. Lollius geführten römischen Armee eine empfindliche Niederlage beigebracht und ihr sogar, was einer Legion der schwerste Schimpf war, einen Legionsadler entrissen hatten, wagte man es nicht, in einem breit angelegten Frontalangriff über den Rhein vorzustoßen und die Eindringlinge entsprechend zurückzuweisen. Vielmehr hatte sich die Erkenntnis durchgesetzt, daß man das Land zwischen Rhein und Elbe nur gewinnen könne, wenn man sich die Tief ins Land einschneidenden Flüsse Ems, Weser und Elbe selbst, wozu dann vom Westen her Lippe und Main in Betracht kamen, als Transport- und Nachschublinien zu Nutze machte.

Daher wurde zunächst unter vielen Mühen eine Kanalverbindung zwischen dem Rhein und dem Zuydersee hergestellt, um so der Rheinarmee einen gefahrlosen Weg nach dem nördlichen Ozean zu schaffen. Erst dann wagte Drusus, der Stiefsohn des Kaisers, an der Spitze der ihm anvertrauten Armee einen Vorstoß über den Rhein, dem aber hauptsächlich nur demonstrativer Charakter zukam, und ging dann über See in das Land der Friesen vor, um dadurch die wichtigen Flußmündungen in römischen Besitz zu bringen. Der äußerst geringe Widerstand war bald gebrochen, so daß noch im Jahre 12 v. Chr. die germanische Küste unter römischer Herrschaft gebracht war. Nachdem man so diese wesentliche Flankendeckung gewonnen hatte, führte man in den folgenden Jahren 11 bis 9 v. Chr. vom Rhein aus die Vorstöße und zwar derart, daß man im ersten Jahr vom

Ruhr-Lippe-Gebiet aus, die Sugambrer niederwarf und durch das Land der Brukterer in Kämpfen mit den Cheruskern bis an die Weser vorrückte und in das Gebiet der Chauken, in das man auch schon vor der Küste eingebrochen war, einmarschierte. Im folgenden Jahre versuchte man, wahrscheinlich von Mogontiacum (Mainz) aufbrechend, das Land zwischen Ruhr und Main fest in die Hand zu bekommen, so daß man im Jahre 9 v. Chr. gegen die Cherusker vorgehend die Weser überschreiten und bis an die Elbe vorstoßen konnte. Damit war, trotzdem Drusus auf dem Rückmarsch in die Winterquartiere zwischen Saale und Rhein tödlich verunglückte, das Kriegsziel erreicht. Das Land, das vom Rhein, der Nordseeküste, der Elbe, dem Sudetengebirge und dem Main umschlossen wird, war römischer Besitz geworden und es war nun die Aufgabe der nächsten Jahre durch entsprechenden Ausbau der Kastelle und des Wegesystems, das überraschend schnell und verhältnismäßig leicht eroberte Gebiet durch Einführung römischer Verwaltung, römischen Rechts und römischen Kultus immer enger mit dem Reich zu verbinden und es tatsächlich, was man von vorneherein beabsichtigt hatte, zur römischen Provinz Germania zu machen. Angesichts des geringen Widerstandes, den man allenthalben gefunden hatte, schien das leicht, und wie sicher man seiner Sache sich in Rom bereits fühlte, lehrt am deutlichsten vielleicht die Tatsache, daß dem toten Feldherrn der Ehrenname „Germanicus“ („Germanenbezwinger“), der in seiner Familie erblich sein sollte, verliehen wurde. Der Sieg über die gefürchteten Germanen war damit eine vom Senat, der auch damals noch hervorragendsten Körperschaft im Reich, beschlossene Sache. Man ahnte nichts von dem späteren, so schwerwiegenden und so wahren Wort des Germanenschilderers Tacitus: tam diu Germanica vincitur! Nur nach unendlich langen Kämpfen kann Germanien überwunden werden! Man gaukelte sich ein völlig anderes Bild vor: „Schließlich herrschte in Germanien ein solcher Friede, daß die Menschen wie verwandelt, das Land ein anderes und selbst das Klima milder und weicher als sonst zu sein schien.“

Und in der Freude über einen solchen Erfolg, der die Taten eines Scipio und selbst des gewaltigen Eroberers Cäsar zu übertreffen schien, übersah man den folgenschweren Fehler, den man begangen hatte.

Auf dem letzten Feldzug war Drusus im oberen Maingebiet auch mit dem Stamm der Markomannen zusammengestoßen und hatte ihm eine schwere Niederlage beigebracht. Aus den erbeuteten Rüstungen und Feldzeichen ward ein Siegesdenkmal errichtet. Als dann die römische Macht in der Folgezeit sich immer mehr in dem besetzten germanischen Lande festigte, so daß ein Offizier des Tiberius sich zu dem Ausspruch berechtigt fühlte, daß es in Germanien nichts mehr gäbe, was besiegt werden könnte, da fühlten sich die Markomannen in ihren Wohnsitzen nicht mehr wohl und es reifte unter ihnen der Entschluß, von dem Machtbereich der Römer abzurücken und in das Innere Germaniens abzuziehen. Rom unternahm sehr im Gegensatz zu der seinerzeit von Cäsar gepflogenen Politik nichts, um diese neuen Völkerverschiebung zu verhindern, sondern war zunächst froh, daß an der Grenze des neuen Besitzes eine Art Ödland entstand, das manchen Vorteil als Grenzschutz zu bieten versprach.

Der Mann, der diese Wanderung seiner Stammesangehörigen veranlaßte und leitete, war Marobodus, der edlem markomannischen Geschlechte entstammte. Wir wissen nichts Sicheres über sein Geburtsjahr und können es nur vermutungsweise um 30 v. Chr. ansetzen. Wie so mancher der germanischen Edlen kam auch er als junger Mann nach Rom, wo er offenbar im römischen Militärdienst eine vielseitige Ausbildung genoß und es auch verstand, die besondere Gunst des Kaisers Augustus zu erlangen. Bald nach der Besiegung seines Volkes durch Drusus kehrte er in die Heimat zurück und gewann über seine Landsleute die Königsherrschaft, wobei ihm der von den Römern ausgehende politische Druck ebenso von Nutzen gewesen sein mag wie seine hervorragende geistige Veranlagung, die den auch körperlich auffallenden Mann derart auszeichnete, daß ein Römer von ihm sagte, er wäre mehr dem Volkstum als seinem Verstande nach ein Barbare.

Sobald er sich der Gefolgstreue seines Volkes sicher fühlte, führte er es dann, um es aus der drohenden Umklammerung durch die Römer zu befreien, vom Main ostwärts in das seit dem Abzug der Boier äußerst menschenarme Boiohaemum, das Böhmerland, wo er, gestützt auf die ungebrochene Volkskraft seiner Untertanen und die in Rom gesammelten politischen und militärischen Erfahrungen, einen mächtigen und straff organisierten Staat aufbaute. So spärlich auch die uns zu Gebote stehenden Nachrichten sind, daß es ihm in verhältnismäßig kurzer Zeit gelang, ein gewaltiges Heer aufzubauen, ist unzweifelhaft; 70 000 Mann soll die Stärke seines Fußvolkes betragen haben, neben dem noch 4000 Reiter zur Verfügung standen; das alles war aber auf das beste geschult, und zwar nach den Grundsätzen der römischen Kriegskunst. Bedenkt man, daß gerade die fehlende taktische Schulung die Schwäche der germanischen Krieger gegenüber den ihnen persönlich weit unterlegenen römischen Soldaten ausmachte, so kann man sich vorstellen, daß die Entwicklung des böhmischen Militärstaates in Rom mit immer größerer Besorgnis verfolgt wurde.

Denn Hand in Hand mit dem Aufbau des Heeres ging der Ausbau des Herrschaftsgebietes. Hatte Marobod zunächst gegenüber den im böhmischen Land noch verbliebenen Boiern von seiner königlichen Residenz aus, deren Lage wir freilich nicht kennen, die Herrschaft seiner Markomannen durchsetzen müssen, so konnte er bald auch über das eigentliche Boiohaemum hinausgreifen. Durch Krieg und ebenso durch geschickte Verhandlungen brachte er eine Reihe von Völkerschaften zur Anerkennung seiner Oberherrschaft; genannt werden uns an erster Stelle die Lugier, unter denen wir jedoch nicht einen einzelnen Stamm, sondern eine mehrere südostgermanische Stämme umfassende Kultgenossenschaft zu verstehen haben und deren Sitze in der damaligen Zeit von den Sudeten bis in den Weichselbogen und von den Ausläufern der Westkarpaten bis ungefähr auf die Höhe von Posen sich ausdehnten. Dazu kommen dann eine Reihe kleinerer Stämme wie die Zumer, die Gutonen und die Mugilonen, deren Sitze wir nur ganz ungefähr lokalisieren können, und weiterhin die Stämme der Sibinen, die ziemlich weit im Norden an der Oder gesessen sein dürften. In die gleiche Richtung weist auch der Umstand, daß wenigstens in späterer Zeit auch die Semnonen und Langobarden Marobod

Gefolgschaft leisteten, so daß wir auch das Land zwischen Oder und Elbe nahezu bis an die Ostsee zu seinem Herrschaftsgebiet zu rechnen haben. Wenn auch diese Randgebiete nur in loserem Zusammenhang mit dem Kernland gestanden haben werden, so ergab sich schon aus dem engeren Zusammenschluß der Landschaften Böhmen, Mähren und Schlesien ein Staat, der den Römern als Nachbar von Germanien, Norikum und Pannonien wenig angenehm sein konnte. Dabei war sein Verhalten den Römern gegenüber von einer lange Zeit äußerst geschickten Wendigkeit und Undurchsichtigkeit. Wiewohl er alles unterließ, Rom irgendwie zum Kriege zu reizen, ließ er doch jederzeit bei den offenbar ziemlich häufigen Verhandlungen, die seine Gesandten in Rom führten, durchblicken, daß er bei dem geringsten Übergriff von römischer Seite zu energischem Widerstand entschlossen wäre. Dabei trat er das eine Mal an Rom mit dem Angebot, ja mit dem Ersuchen um eine Bündnis heran und ließ von seinen Gesandten auch reiche Geschenke nach Rom bringen, das andere Mal schlug er wieder in Rom den Ton eines völlig Gleichberechtigten an, unterstützte Volksstämme und auch führende Einzelpersönlichkeiten, die mit Rom in Unfrieden lebten, so daß er manchem Beobachter in der Hauptstadt des Imperiums noch gefährlicher erscheinen mochte, als er es tatsächlich war.

Doch dürfen wir nicht vergessen, daß diese Schilderung der Marobodschen Politik von römischer Seite stammt, wo man naturgemäß bestrebt war, den germanischen Gegner ins Unrecht zu setzen, wir aber von ihm oder auch nur germanischer Seite keine Nachricht besitzen, die uns über seine angeblich so doppelzüngige politische Haltung Aufschluß geben würde. Da bliebe das Bild wohl äußerst einseitig, wenn wir nicht versuchten, aus der allgemeinen Lage heraus Marobods Verhalten zu erklären. Mochte auch seine Herrschaft im Süden nicht unmittelbar bis an die Donau reichen, sondern am Böhmerwald etwa beim heutigen Budweis ihr Ende finden, so war er doch auch hier unmittelbarer Nachbar der Römer, deren Herrschaft ja ebenso im Westen und Nordwesten am Erzgebirge bis an das markomannische Land heranreichte, so daß er in weitgehendem Maße in einer römischen Zange saß. Von den germanischen Völkern

Die Figuren auf Kirstens Goldhorn von Gallehus

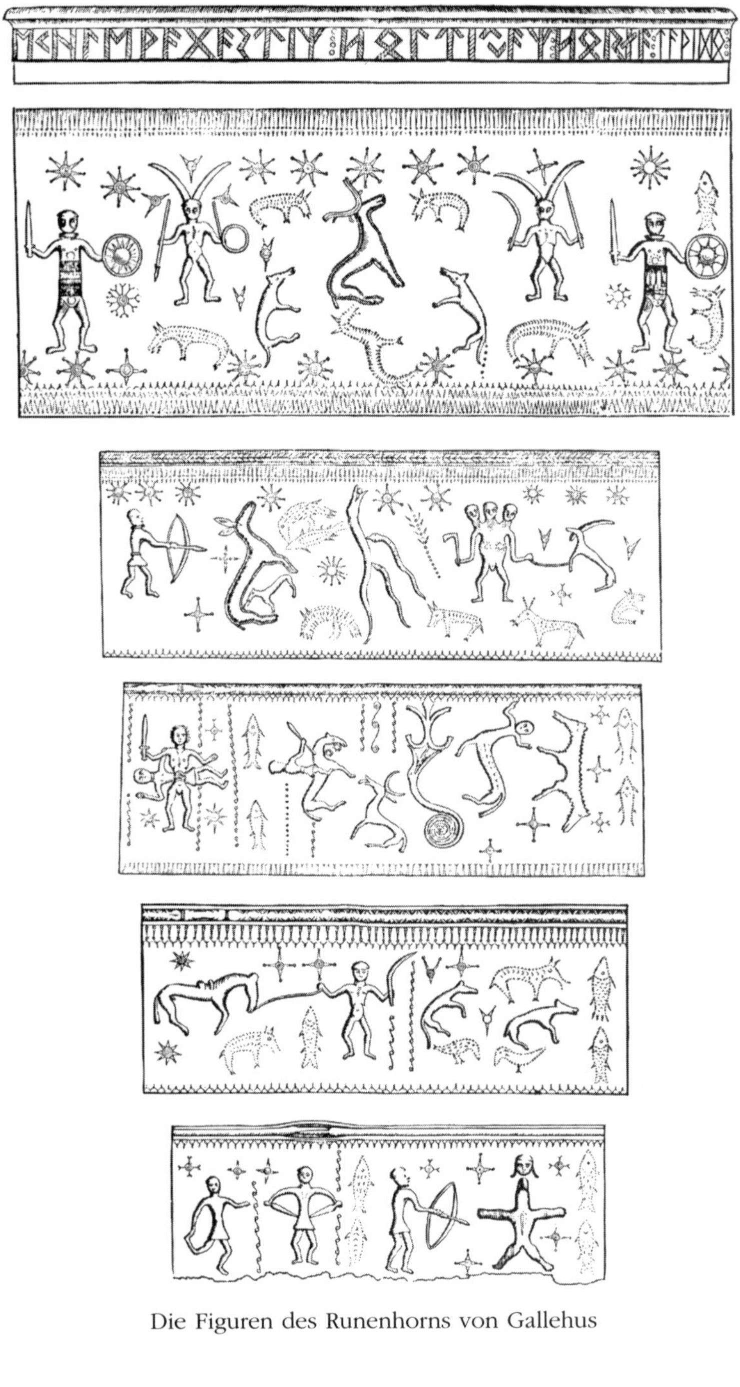

Die Figuren des Runenhorns von Gallehus

zwischen Elbe und Rhein war aber nach den Erfahrungen der letzten Jahre, in denen die römische Macht immer mehr sich zu festigen schien, keine unmittelbare oder auch nur mittelbare Hilfe zu erwarten. In gleicher Weise schienen die pannonischen Stämme sich nun endgültig mit der römischen Herrschaft abgefunden zu haben. Unter diesen Umständen blieb Marobod allerdings nichts anderes übrig, als nach Tunlichkeit seine Macht im Inneren zu festigen und vielleicht durch einen Nichtangriffspakt, den wir unter seinem Bündnisangebot aller Wahrscheinlichkeit nach zu verstehen haben, einerseits und entsprechende Rüstungen und gleichzeitige Unterstützung antirömischer Elemente andererseits, die Römer von einem Angriff auf sein eigenes Gebiet abzuhalten.

Auf der anderen Seite konnte auch Rom zunächst seine Eroberungspolitik, die die Grenze von der Donau an die Elbe und die March vorrücken sollte, nicht fortführen, solange es sich nicht im völlig gesicherten Besitz von Germanien und Pannonien wußte. Als man aber in Rom meinte, dieser beiden Landschaften völlig sicher zu sein, ließ man sich weder durch die Geschenke noch durch die Drohungen Marobods von den einmal geplanten militärischen Operationen abbringen. Schon in den Jahren 4 und 5 n. Chr. hatte Tiberius, der von Augustus adoptiert und zum Mitregenten erhoben worden war, verschiedene erfolgreiche Züge in Germanien durchgeführt, um von hier aus vor jeder Überraschung in Hinkunft sicher zu sein. Im folgenden Jahre 6 n. Chr. sollte das Reich des Marobod selbst angegriffen und natürlich zerschlagen werden.

Die gewaltigen Rüstungen auf römischer Seite lassen am deutlichsten erkennen, daß man mit schweren Kämpfen rechnete und die militärische Widerstandskraft des germanischen Königs keineswegs gering anschlug. Der Kommandant der rheinischen Armee Gaius Sentius Saturninus, der sich im Reichsdienst in Afrika und Syrien bereits ausgezeichnet hatte, sollte mit seinen Truppen von Mainz aus den Main aufwärts von Westen ins markomannische Land einfallen; gleichzeitig setzte sich vermutlich auch das vindelizische Heer, das bei Augsburg garnisoniert war, in Bewegung und rückte nach Norden vor durch das Gebiet der damals mit Rom befreundeten Hermunduren und traf wohl in der Nähe der Mainquelle oder schon im Böhmischen mit der Rheinarmee zusammen, um in weiterem Vormarsch die Vereinigung mit der Armeegruppe des Tiberius zu erzielen. Dieser war mit den illyrischen Legionen von Carnuntum, der späteren großen Festung östlich von Wien, aufgebrochen, überschritt die Donau und rückte zunächst im Marchtal vor; weiterhin war wohl der Weg über Brünn in den Tälern der Idel, Schwarzach oder Zwittach als Aufmarschlinie gedacht. Doch sind wir im einzelnen darüber ebenso wenig unterrichtet wie über den Punkt, an dem die beiden Hauptarmeen sich vereinigen sollten. Wir wissen nur, daß Tiberius noch fünf Tagesmärsche von den markomannischen Truppen entfernt war und bereits hoffte, sich in wenigen Tagen mit der Armee des Sentius Saturninus, der sich etwa auf die gleiche Distanz an den Feind herangearbeitet hatte, vereinigen zu können, ... als das Unternehmen abgebrochen wurde.

Zwölf kriegsstarke Legionen der besten Truppen hatte man zusammengezogen gegen das eine germanische Heer des Marobod, hatte unter mancher Mühsal durch das Waldgebirge meilenweit erst die Wege bahnen müssen, hatte über Flüsse, die bisher kein römischer Soldat gesehen hatte, Brücken geschlagen, hatte auf langen Wagenkolonnen Proviant und das notwendige Kriegsmaterial herangeführt, stand nun nach Überwindung all dieser Schwierigkeiten im Lande des Feindes, der vorsichtig einem Kampf bisher ausgewichen war, und glaubte, jetzt zum entscheidenden Schlage ausholen zu können, da hieß der Befehl: Zurück! Tiberius wird sicher mit sich selber schwer zu kämpfen gehabt haben, bis er sich zu diesem Befehl durchrang und dem von ihm doch nur verachteten Barbaren, den er im Geiste schon im Triumphzug vor sich schreiten gesehen haben mochte, kampflos den Frieden bot. Doch es gab kein Überlegen, kein Zaudern; ganz Pannonien, das nahezu von allen Truppen entblößt war, stand in hellem Aufruhr. Die Armee konnte jederzeit von ihrer Rückzugslinie abgeschnitten werden und war dann, zwischen dem Feind und den Aufständischen eingezwängt, kaum mehr zu retten, ganz abgesehen davon, daß die Aufständischen unmittelbar auch das wehrlose Italien bedrohten. Tiberius mußte alles daransetzen, um Marobod so rasch wie nur möglich zum Frieden zu bringen; und hatte das Schicksal ihm die Eroberung des Markomannenreiches versagt, so gewährte es ihm wenigstens diesen Ausweg. Marobod verstand sich zum Frieden. Lakonisch berichtet der römische Historiker condicionibus aequis discessum (unter Anerkennung der beiderseitigen Rechte ging man auseinander), Worte die in ihrer schwerwiegenden Prägnanz nicht zu übersetzen sind und zunächst wenigstens gar nicht erkennen lassen, daß sie ein Ereignis von weltgeschichtlicher Bedeutung und Schwere umschließen. Tiberius und damit Rom mußte sich dazu verstehen, die Truppen zurückzuziehen und Marobod als unabhängigen und gleichberechtigten Herrscher in seinem Reiche anzuerkennen. Ebenso entschloß sich Marobod, sich mit dem Abzug der römischen Truppen zufrieden zu geben und sich zur weiteren Achtung der römischen Grenzen zu verpflichten. Es mochte ihm als ein gewaltiger Erfolg erscheinen, daß er eines der größten Heere, das Rom aufgeboten hatte, kampflos sein Gebiet verlassen sah und daß er alle seine finanziellen und militärischen Machtmittel als ein wertvolles Unterpfand für die Zukunft ungeschmälert erhalten hatte können. Auf der anderen Seite war Tiberius froh, daß es ihm in dieser Zwangslage, in der ihm nicht ohne Unrecht Marobod gefährlicher erscheinen konnte, als es einst Pyrrhus für das alte Rom gewesen war, gelang, den Germanenkönig zu einem Vertrage zu bringen, in dem er auf eine Fortführung des in sein Land getragenen Krieges verzichtete.

Damit hatte Marobod die folgenschwerste Entscheidung seines Lebens getroffen und zugleich gezeigt, daß er die Gunst des Augenblicks nicht zu nutzen verstand und sich auch nicht der Verantwortung bewußt war, die ihm seine Stellung an der Spitze seines hervorragend organisierten germanischen Staates zwangsläufig auferlegte. Mochte er um den geplanten Aufstand in Pannonien schon vor dem Einmarsch der römischen Armeen in Böhmen gewußt haben oder nicht, in dem Augenblick, da Tiberius ihm den Friedensvertrag kampflos anbot, mußte er wissen, wie es in dem Gebiet zwischen den Alpen und der Donau bis tief hinein in das illyrische Bergland um die römische Macht bestellt war. In diesem Augenblick durfte er die Waffen nicht beiseite legen und sich mit der Sicherung seines eigenen

Herrschaftsbesitzes begnügen, wenn er, was er nach einigen, aus späterer Zeit uns überlieferten Äußerungen tat, sich für ganz Germanien verantwortlich fühlte. Ein entscheidender Sieg auch nur über die eine der beiden gegen ihn aufmarschierten römischen Armeen – und ein solcher lag nicht bloß im Bereich der Möglichkeit, sondern der Wahrscheinlichkeit – hätte von ungeheuren Folgen begleitet sein müssen. Wäre er gegen die Armee des Tiberius errungen worden, so wäre damit zugleich die römische Donaugrenze in Frage gestellt gewesen; denn den zusammenwirkenden Pannoniern und Markomannen hätte Rom damals kaum standhalten können. Wäre jedoch gegenüber Sentius Saturninus der Erfolg errungen worden, so wäre schon damals die römische Herrschaft rechts des Rheines zusammengebrochen. Denn daß für die übrigen germanischen Völker eine Niederlage der Römer das Zeichen zum Aufstand in den einzelnen Landschaften gewesen wäre, darf auf Grund der Lage, wie sie vor den Tiberiuszügen der Jahre 5 und 4. v. Chr. in Germanien gewesen war, mit großer Wahrscheinlichkeit angenommen werden. Marobod hatte es in der Hand, in die historische Gesamtentwicklung seines ganzen germanischen Volkes einzugreifen. Er tat es nicht, weil sein Denken nicht auf das Volksganze gerichtet war, sondern nur auf seinen Staat.

Wollte man versuchen, Marobod durch die Bemerkung zu entlasten, daß die völkische Idee in der damaligen Zeit noch nicht vorhanden war, so wäre das kaum zutreffend. Denn wir sehen aus mancherlei Äußerungen und vor allem aus den Ereignissen der folgenden Jahre, daß über alle Stammesunterschiede hinweg das Gefühl der Zusammengehörigkeit der Germanen auch damals schon lebendig war; freilich fehlen uns derartige Äußerungen von germanischer Seite oder sie liegen uns nur in römischer Brechung vor: Dafür sehen wir aber, daß auf römischer Seite dieser Einheitsgedanke in Bezug auf die Germanen, fast möchte man sagen, eine Selbstverständlichkeit war, nicht bloß auf militärisch-politische, sondern ebenso auf ethnologische Erkenntnisse begründet. Und selbst wenn Marobod derartige Gedanken in seiner Heimat nicht kennengelernt haben sollte, so mußte er während seines Aufenthaltes in Rom mit ihnen vertraut werden, da sie damals in römischen militärischen Kreisen vielleicht noch stärker vorhanden waren als in den Kreisen der römischen Wissenschaftler. Doch in Marobod sind sie nicht lebendig geworden und so verstand er das Schicksal nicht; es war ein Irrtum, wenn er, wie Tacitus berichtet, meinte, den Ruhm der Germanen ungeschmälert behauptet zu haben. Er hatte vielmehr aus mangelndem Vertrauen in seine eigene Kraft den Nimbus der Unbesiegbarkeit römischer Legionen erhalten. Und das wog schwerer als der gerettete Königsthron im hercynischen Wald, an dem sich übrigens bald rächen sollte, was Marobod gefehlt hatte und noch einmal fehlen sollte.

Während die römischen Truppen unter dem Befehl des Tiberius unter ungeheuren Anstrengungen gegen die aufständischen Pannonier die Macht Roms schließlich durchsetzten, gelang es Sentius Saturninus in Germanien die Ruhe aufrechtzuerhalten und durch kluge Maßnahmen das Werk der Befriedung und des Ausbaues der römischen Herrschaft anscheinend erfolgreich fortzuführen. Militär und Kult sollten die beiden Wege sein, auf denen römisches und germanisches Wesen einander immer enger verbanden. Es ist sehr wohl denkbar, daß es auf die fein vermittelnde Politik dieses Statthalters zurückzuführen ist, wenn dem Kult der göttlichen Roma und des Augustus am Kölner Altar, an dem in jährlichem Wechsel vornehme Jünglinge der einzelnen Stämme die Oberpriesterwürde innehaben sollten, besonderes Augenmerk gewidmet wurde; durfte man davon doch schon aus geschmeicheltem Ehrgefühl heraus eine größere Anteilnahme der Stammesverbände an dem alle Völker verbindenden Reichskult erwarten. Daneben aber sollten zunächst die Söhne der adligen Familien im römischen Heer den Dienst und die lateinische Sprache erlernen, sich das Bürgerrecht erwerben und so, durch ihren kriegerischen Betätigungsdrang geführt, unvermerkt in den Verband der civitas Romana hineinwachsen.

Unter diesen jungen Leuten, die da aus den Gauen Deutschlands an den Rhein zogen, um in der römischen Armee Dienst zu machen, befanden sich auch die beiden Söhne des Cheruskerfürsten Sigimer; Arminius hieß der ältere, Flavus der jüngere. Armin, der vermutlich schon die Feldzüge der Jahre 4 und 5 v. Chr. mitgemacht hatte, schildert uns der römische Offizier

Velleius Paterculus, der damals auch in Germanien stand, als einen jungen Mann „von persönlicher Tapferkeit, rascher Auffassung und einer genialen Klugheit, die jenseits der Begabung eines Barbaren liegt ...“ Schon sein Gesichtsausdruck und seine Augen verrieten das Feuer seines Geistes. Dieser junge Mann, der damals zwanzig oder zweiundzwanzig Jahre gezählt haben mochte und dem vornehmsten cheruskischen Geschlecht entstammte, zeichnete sich als Führer germanischer Hilfsvölker derart aus, daß er nicht nur das römische Bürgerrecht verliehen erhielt, das ihm nach der Familie des Kaisers selbst den Namen Gaius Julius Arminius eintrug, sondern auch in den römischen Ritterstand erhoben wurde. Nach dem Markomannenfeldzug, etwa im Jahre 7 n. Chr., kehrte er vermutlich nach dem Tode seines fürstlichen Vaters in den Heimatgau zurück und entfaltete hier sehr bald eine umfangreiche Tätigkeit.

Während seines Militärdienstes war er in den deutschen Landen weiter herumgekommen als so mancher seiner Stammesgenossen; er hatte auf den Feldzügen gesehen, wie seine germanischen Brüder sich immer wieder, wenn auch in der Vereinzelung natürlich vergeblich, gegen die römischen Eindringlinge zur Wehr setzten und daß überall die Sehnsucht nach der alten Freiheit, der Wunsch, die welschen Eroberer aus dem Lande zu jagen, noch lebendig war. Und Arminius hatte auch auf römischer Seite sich umgesehen, hat wahrscheinlich auch das linksrheinische Gebiet kennengelernt. Wenn man sich auch jetzt noch mit dem Dienst von Freiwilligen begnügte und diejenigen, welche die Priesterwürde am Romaaltar übernahmen, mit Freundlichkeiten und Auszeichnungen bedachte, so konnte es so nicht bleiben. Er hatte es von seinen militärischen Kameraden gehört, wie der Römer in den anderen Provinzen herrschte, wie römisches Recht und römischer Zwang, römische Steuern und römische Sitte durchgesetzt und das Erbgut der Väter überall vernichtet ward. Und schon glaubte Rom, in dieser Richtung Maßnahmen auch in Germanien einleiten zu können. Quintilius Varus, der dem Sentius Saturninus in der Verwaltung des Landes folgte, sollte aus der Okkupation die Konsequenzen ziehen und die Steuereintreibung und die römische Rechtsverwaltung einführen. Dabei übersah er und mit ihm die römische Reichsregie-

Germanendarstellungen auf dem Sarkophag von der Via Tiburtina

Schlacht zwischen Römern und Germanen

rung, daß dazu die Verhältnisse in Germanien trotz der äußerlichen Ruhe der letzten Jahre noch viel zu unsicher waren. Äußerst zutreffend schildert der griechische Historiker Cassius Dio die damalige Lage im deutschen Lande: „Die Römer hatten nur einzelne Punkte des Landes in ihrer Gewalt, nicht ein zusammenhängendes Gebiet, sondern wie ihnen gerade hier und da die Unterwerfung geglückt war ... Ihre Truppen überwinterten dort und versuchten, städtische Siedlungen anzulegen und die Barbaren sollten allmählich zu römischer Ordnung erzogen werden; und sie gewöhnten sich an ihre Märkte und hielten friedliche Zusammenkünfte ab. Aber den Geist ihrer Väter, ihren angeborenen Charakter, ihre freie Lebensweise und den unbeschränkten Waffengebrauch, alles das hatten sie freilich nicht vergessen. Doch solange sie nur allmählich und mit äußerster Vorsicht ihre Eigenart aufzugeben veranlaßt wurden, da empörten sie sich nicht ob der Veränderung ihres Lebens und merkten kaum die Wandlung. Als aber Quintilius Varus die Verwaltung Germaniens übernahm, sich bemüht zeigte, die Verhältnisse bei ihnen auf Grund seiner Zivilgewalt zu regeln, und sie möglichst rasch zu völlig anderen Menschen machen wollte, ihnen Vorschriften machte, als ob sie seine Sklaven wären, und Zahlungen wie von Untertanen bei ihnen eintrieb, da war es mit ihrer Ruhe zu Ende." Es war gewiß ein besonders schwerer Fehlgriff, daß Rom damals einen Mann nach dem deutschen Norden sandte, der sich zwar in Syrien und Palästina bewährt hatte, mit der semitischen Bevölkerung auch fertig geworden war, aber offenbar nicht das geringste Verständnis für den germanischen Volkscharakter hatte und glaubte, mit Rute und Todesstrafe die Männer, die in Freiheit ihre Waffen zu tragen gewohnt waren, für seine Ideen gewinnen zu können. Manch einer mag schwach geworden sein und sich durch den äußeren Glanz der römischen Macht, vielleicht auch die Hoffnung auf eine bevorzugte Stellung gewinnen haben lassen. Von der großen Masse der Deutschen, von den Vornehmen ebenso wie dem Volk sagt der römische Schriftsteller Florus mit Recht, daß ihnen „die römischen Togen und das Walten ihrer Justiz ... noch schlimmer war als ihre Waffen." Es ging wie ein Grollen durch die deutschen Gaue, aber man griff nicht zu den Waffen; man sah, wie viele

Römer am Rhein und wie viele im eigenen Lande standen, und blieb ruhig.

Darin schon müssen wir das Wirken eines Mannes sehen, der die Verhältnisse kannte und überblickte, der wußte, daß die einzelnen germanischen Heerhaufen, denen jede taktische Schulung fehlte, den römischen Truppen in offener Feldschlacht nicht gewachsen waren, der sich sagte, daß nur die vereinten germanischen Stämme den Feind niederringen könnten, wenn es gelänge, ihn in ein Gebiet zu locken, wo seine taktische und strategische Überlegenheit nicht zum Ausdruck kommen könnte und es auf die Kraft und die Tapferkeit des Einzelnen ankäme. Dieser Mann war kein anderer als der junge Cheruskerfürst Armin, der römisches Wesen ebenso kannte wie sein Volk. Sicherlich sind Boten nach allen Richtungen von ihm ausgesandt worden, um alle oder wenigstens mehrere Stämme zum gleichen und gemeinsamen Vorgehen zu veranlassen. Man schien sich allenthalben den Wünschen des Varus vollkommen zu fügen, man ging auf seine Wünsche, überall Recht zu sprechen, ein, zog allerlei Rechtshändel und Zänkereien vor sein Tribunal, gab ihm zu verstehen, wie glücklich man darüber wäre, daß dank der römischen Rechtspflege nun Friede in das Land einzöge und daß man nun nicht mehr mit der eigenen Waffe sich sein Recht erkämpfen brauche. Und den alten Berichten zufolge gelang es auf diese Weise tatsächlich, den römischen Gouverneur derart in Sicherheit zu wiegen, „daß er wähnte, er spreche als Prätor in Rom auf dem Forum Recht, und nicht, er kommandiere ein Heer mitten in Germanien". Man ging noch einen Schritt weiter, um die römische Macht nach Tunlichkeit zu schwächen. Da und dort gab es einmal kleine Unruhen, einen Raubüberfall, der Handel schien nicht ruhig und sicher sich abwickeln zu können. Man erbat sich von dem römischen Beamten militärische Assistenz und sie wurde gewährt. Mancher kampferprobte Legionär und ergraute Centurio mag den Kopf zu solchem Vorgehen geschüttelt haben, doch der Befehl des Gouverneurs mußte durchgeführt werden und so marschierte eine kleine Abteilung vom Gros weg bald dahin, bald dorthin, statt daß man in dem fremden Lande die Truppen möglichst in festen Stützpunkten zusammengehalten hätte.

Armin arbeitete zielsicher weiter an seinem Plan, wobei er besonders an Segimer einen eifrigen Helfer fand, dem Oheim der Thusnelda. Freilich war die anscheinend grenzenlose Vertrauensseligkeit des Varus ihm eine besondere Erleichterung; denn nur zu leicht hätte alles Bemühen an dem Verrat des Segestes, dem Vater der Thusnelda, scheitern können. Wahrscheinlich waren für ihn, der gleichfalls dem alten cheruskischen Adel angehörte, innenpolitische Rivalitäten gegenüber Arminius maßgebend, als er sich ganz den Römern zuwandte. Im Jahre 9 n. Chr. hatte er seinen Sohn Segimundus sogar gezwungen, das bei den meisten Germanen verachtete Oberpriestertum beim Romaaltar in Köln zu übernehmen. In die Pläne des Arminius scheint er allerdings nicht eingeweiht gewesen zu sein, doch wußte er darum, daß etwas gegen die Römer im Gange sein, und er forderte Varus auf, alle germanischen Vornehmen, die seine Tischgenossen waren, festzunehmen, um so der antirömischen Bewegung die Führung zu rauben. Doch Varus blieb bei seiner Überzeugung, daß die Römer in Germanien nichts zu fürchten hätten, und er ließ nun sein Heer vom Sommerlager, das er jenseits der Weser im Lande der Cherusker bezogen hatte, aufbrechen, um an den Rhein in die Winterquartiere zurückzukehren. Die Zeit drängte, der Sommer neigte schon dem Ende zu und nun hatte man Nachricht von einem Aufstand in einem abgelegenen Gebiete erhalten, das auf dem Rückmarsch jetzt natürlich aufgesucht werden sollte, um noch schnell vor Wintereinbruch auch dort die Ruhe wieder herzustellen. Das war sicher leicht zu bewerkstelligen, da auch verschiedene Germanenfürsten Hilfstruppen zu stellen versprochen hatten. In völlig ungeordnetem Zug, ohne jede militärische Sicherung, marschierte man durch das herbstliche Land, wie mitten im Frieden. Drei Legionen und sechs Kohorten und drei Reiterschwadronen hatte Varus bei sich, also etwa 25 000 bis 30 000 Mann, wozu freilich noch der Troß kam, bei dem sich zahlreiche Burschen und Weiber befanden; dadurch wurde man noch mehr veranlaßt, den Marsch in aufgelöster Ordnung durchzuführen.

Die ersten Tage ging alles glatt; die germanischen Edlen gaben dem Römer das Geleit, bis er von der Hauptstraße abbog, um in das vermeintliche Aufstandsgebiet zu marschieren; da empfahlen sie sich, um angeblich die Hilfsvölker zu holen und ihm zuzuführen, in Wirklichkeit, um ihre Mannen, die dem römischen Heer in sorgsamer Deckung gefolgt waren, zum Angriff auf die Ahnungslosen zu führen.

Nur schwer kam das römische Heer abseits von der Hauptstraße in dem hügeligen Waldgelände vorwärts, wo es sich durch Fällen der Bäume und Anlage von Brücken erst den Weg bahnen mußte. Noch schwieriger wurde die Lage, als plötzlich heftiger Regen und Sturm losbrach, der Erdboden aufgeweicht und schlüpfrig wurde, so daß Mensch und Tier immer häufiger ausglitten und stürzten, die Wagen stecken blieben und Aufenthalt verursachten und stürzende Baumkronen die Verwirrung noch erhöhten. In diese mühsam sich fortschleppende, fluchende und schreiende, durchnäßte, mürrische Masse schlugen plötzlich Geschosse ein, anfangs vereinzelt, dann immer häufiger und von allen Seiten. Man sah den Feind nicht und konnte keinen Gegenangriff unternehmen; plötzlich brach einmal da und dann wieder dort ein feindlicher Haufe aus dem Dickicht hervor, schlug in die ungeordneten Reihen tiefe Lücken, bevor der Römer noch an Gegenwehr denken konnte, und zog sich wieder zurück. Der Feind war verschwunden, der dichte Wald deckte alles zu und das römische Heer schleppte sich weiter durch Nässe und Morast. So ging das den ganzen Tag. Endlich kam man aus dem dichtesten Wald heraus an eine etwas freiere Stelle, wo man ein Lager schlagen konnte. Mochte man anfangs geglaubt haben, daß es sich um den Überfall einer kleinen, zufällig zusammengewürfelten Schar handle, vielleicht um die Aufständischen, gegen die man zu ziehen wähnte, so hatte die Systematik der den ganzen Tag währenden Angriffe die Römer eines Besseren belehrt; aber noch hoffte Varus, im Gefechtsmarsch sich dem Feind entziehen zu können, womit er freilich nur bewies, daß er die Schwierigkeiten des Geländes und die Kraft des Feindes weitaus unterschätzte. Das einzig Richtige wäre gewesen, in dem Lager sich zu verschanzen und raschestens das am Main stehende zweite Korps der Rheinarmee heranzuholen. Gewiß wäre auch das gefahrvoll gewesen und nicht ohne empfindliche Verluste abgegangen, aber man hätte, wenn Arminius seine Leute überhaupt zu einer längeren Belagerung des festen Lagers verhalten hätte, doch die Katastrophe vermieden; so aber schlenkerte man geradewegs in sie hinein.

Nur den Troß wollte man opfern. Die Mehrzahl der Wagen und, was man nicht unbedingt brauchte, wurde verbrannt oder wenigstens zurückgelassen; zeitig am Morgen brach man auf, diesmal immerhin in etwas besserer Ordnung. Wieder mußte man in den unwegsamen, regennassen Wald und wieder griff der Feind, durch Gebüsch und Niederholz gedeckt, an und brachte den Römern schwere Verluste bei. Denn wenn sie in geschlossener Formation zum Gegenangriff vorgehen wollten, gerieten sie bald ins Stocken, da ihnen jede Entfaltungsmöglichkeit genommen war, der Gegner aber, mit dem Gelände vertraut, in aufgelöster Kampfesweise sie in Flanke und Rücken angriff. Es war ein verzweifeltes Kämpfen. Endlich kam man wieder auf eine Lichtung, wo man in aller Eile ein Lager schlug, das aber schon wesentlich kleiner war; es waren nur mehr Teile der stolzen Legionen, die dieses zweite Lager erreichten; die Germanen hatten nur zu gut getroffen.

Eine schwere Nacht ging vorüber, wieder regnete es. Als man am nächsten Morgen aufbrach, war es keine Truppe mehr, sondern ein riesiger Haufen Verzweifelter, die nur den einen Gedanken noch zu denken vermochten: An den Rhein, so schnell als möglich an den Rhein und heraus aus diesem elenden Wald. Die Reiterei ging davon und überließ das Fußvolk seinem Schicksal; das kämpfte sich weiter durch den nassen Wald, selbst ganz naß, die Waffen naß, so daß man sie gar nicht mehr recht gebrauchen konnte. Die Germanen hatten Zuzug erhalten und so gelang es ihnen leicht, in dem morastigen Gelände die Römer ringsum einzuschließen. Der letzte Kampf begann. Varus wurde verwundet und gab sich dann selbst den Tod; mancher Offizier folgte seinem Beispiel. Die Verzweiflung griff um sich und verschlang ihre Opfer. Bald war der Widerstand auch der Mannschaft gebrochen. Die einen ahmten das Beispiel ihrer Führer nach, die anderen warfen die Waffen weg und ließen sich vom Feind niedermachen und wieder andere ergaben sich dem Feind, ohne freilich deshalb auch schon Schonung zu finden. Am Abend war alles niedergemetzelt, Mann und Roß; das eine Korps der römischen Rheinarmee war nahezu restlos vernichtet.

Die Sieger verteilten die Beute, vor allem die Legionsadler, und brachten ihren Göttern das schuldige Dankesopfer dar. Der Leiche des Varus ließ Armin, der Sieger, das Haupt abschlagen und sandte es an Marobod als Zeichen des Erfolges und als Mahnung, sich dem Bunde anzuschließen. Marobod, der drei Jahre vorher die Gunst des Schicksals ungenützt hatte vorübergehen lassen, verstand auch diesmal nicht, daß es um die Freiheit des ganzen deutschen Volkes ging oder – wollte es nicht verstehen. Er, der König eines gewaltigen, wohl organisierten Staates sollte sich dem Kampfbund des jungen cheruskischen Fürsten anschließen, sich den Wünschen dieses Jünglings am Ende gar unterwerfen, sich in einen unsicheren Krieg einlassen, wo er in sicherem Frieden mit den Römern leben konnte, mit denen er doch einen Vertrag abgeschlossen? Wer weiß, ob nicht die Römer ihn zu Hilfe rufen würden zum Kampf gegen die germanischen Stämme unter Arminius und ob er nicht mit welscher Hilfe seinen Staat nach Norden ausweiten könnte. Zuwarten und vorsichtiges Lavieren schien ihm das Gebot der Stunde und danach handelte er; den Kopf des unglücklichen Varus sandte er nach Rom an den Kaiser.

So war Armin angewiesen, mit seinen eigenen Kräften den errungenen Erfolg nach Tunlichkeit auszuwerten. Der war an sich nicht gering. Dabei war nicht so sehr die Zahl der erschlagenen Feinde das Wesentliche, als daß es mit einem Schlage gelungen war, die gesamte feindliche Armee, die das nordwestdeutsche Gebiet zu betreuen hatte, zu vernichten, und das, ohne daß Armin über eine organisierte Truppe verfügt hätte. Darin allein kommt schon seine überragende politische und militärische Fähigkeit, die auch von seinen römischen Feinden rückhaltlos anerkannt wurde, zum Ausdruck. Gerade wenn wir bedenken, wie schwer es allemal noch gewesen ist, Deutsche zu einigen und zusammenzuhalten, dann erst können wir die Leistung ermessen, welche hinter der Einigung des arminschen Stammesbundes steht. Nach den gewiß nur unzulänglichen Nachrichten muß es ihm gelungen sein, außer seinen eigenen Cheruskern, wo er ja, wie das Beispiel des Segestes zeigt, ebenfalls mit Widerständen und Rivalitäten zu ringen hatte, etwa noch zehn andere Stämme zum gemeinsamen Vorgehen zu gewinnen, darunter sicher die Brukterer und Marser, die beide an der entscheidenden Schlacht hervorragenden Anteil genommen hatten. Nicht minder schwierig, als diesen Kampfbund zusammenzubringen, war es dann weiterhin, die Leute vor übereilten Schritten abzuhalten, sie zum scheinbaren Eingehen auf die Pläne und Absichten des Varus zu veranlassen und schließlich sie an einem Orte, an den das feindliche Heer erst gelockt werden mußte, zum gemeinsamen Angriff zu führen und die keine größeren Verbände kennenden Haufen seiner Leute in dem auch für sie unübersichtlichen Gelände drei Tage hindurch zu planmäßigem Operieren zu verhalten.

Es ist behauptet worden, daß es eine strategische Unmöglichkeit wäre, „ein feindliches Heer an eine ganz bestimmte, entfernte Stelle zu locken und an dem Tage, wo es diese durchzieht, die eigene Mannschaft unbemerkt zur Stelle zu haben“. Das ist vollkommen verfehlt, wie zahlreiche Beispiele der Kriegsgeschichte zeigen; man erinnere sich nur der auf den gleichen Prinzipien aufgebauten Überfallsschlacht, die Hannibal den Römern am Trasimenischen See bereitete. Ein solches Vorgehen darf vielmehr als höchste strategische Kunst gewertet werden und rückt Arminius in die erste Reihe hervorragender Feldherren. Denn nur in der Überfallsschlacht konnte er hoffen, mit seinen größerer taktischer Schulung ermangelnden Mannen den geübten Feind zu schlagen; ja noch mehr, nur so konnte er den Feind vernichten; denn es war ihm unzweifelhaft klar, daß ein gewöhnlicher Sieg nichts bedeutet hätte. Die Verluste einer einfachen Niederlage hätte Rom in kürzester Frist ausfüllen können; ein ganzes Heer zu ersetzen, war Rom schon schwerer möglich und, was das Entscheidende war, nach Vernichtung der Feldarmee konnte Armin auch alle die im Lande verstreuten Posten und festen Plätze aufheben, was er auch im unmittelbaren Anschluß an den Sieg im Teutoburger Wald tat. Selbst Aliso, das starke Kastell im unteren Lippetal, wurde den Römern genommen. Solange auch nur ein Teil der Feldarmee im Lande stand, wäre das alles unmöglich gewesen.

Und ebenso unberechtigt ist es, die Tat Armins dadurch verkleinern zu wollen, daß man behauptet, das römische Heer hätte größtenteils aus ungeübten Rekruten bestanden und der Sieg wäre erst dadurch so vollständig geworden, daß auf die Kunde von den ersten Erfolgen die Kämpfer der Germanen durch zufällig aus Beutegier Heerbeiströmende verstärkt wurden. Die erste Behauptung wird durch die Angaben der römischen Schriftsteller entkräftet, die ausdrücklich überliefern, daß es sich um „das beste Heer von allen, das an Manneszucht, Tapferkeit und Kriegserfahrung unter den römischen Truppen das erste war“ gehandelt habe; die letztere erledigt sich schon, wenn man nur die Zeitverhältnisse in Rechnung stellt. Denn als die Nachricht von den ersten Erfolgen in die entfernteren Gaue gelangt sein konnte, war die Schlacht schon beendet. Wir dürfen vielmehr und müssen daran festhalten, daß Armin in richtiger Einschätzung der Kräfte des Gegners unter hervorragender Ausnutzung von Gelände und Witterung es verstanden hat, eine der schwierigsten Schlachtanlagen, die sich fortbewegende Überfallsschlacht, in Anwendung zu bringen, um das in diesem Falle einzig in Frage kommende Ziel zu erreichen: Vernichtung des Gegners.

Und daß es ihm bei seinem Unternehmen nicht um einen Teilerfolg gegangen ist, sondern sein Blick auf das Ganze gerichtet war, das ersehen wir am besten aus seiner Aufforderung an Marobod. Es handelte sich ihm dabei nicht um ein platonisches Bündnis, nicht darum, daß seinem Stammesbund noch ein Mitglied gewonnen würde, sondern um das Heer des Markomannenkönigs, das allein imstande gewesen wäre, den Sieg vom Teutoburger Wald zur völligen Vernichtung der rechtsrheinischen römischen Herrschaft auszubauen. Mit den in einem freien Kampfbund vereinigten Heerhaufen der nordwestdeutschen Stämme konnte Armin keine ausgedehnten Feldzüge durchführen, am allerwenigsten nach dem Süden vorstoßen. Er mußte zufrieden sein, wenn er mit den ihm zur Verfügung stehenden Kräften das nordwestliche Deutschland, etwa bis an das Gebiet der Chatten, vom Feinde freihielt, und mußte sich gegen Norden schützen; denn hier waren die Friesen und Chauken den Römern treu geblieben und hatten sich der Insurrektion aus begreiflichen Gründen nicht angeschlossen, waren sie doch den Angriffen der römischen Flotte ausgesetzt, der weder sie noch

Armin mit Aussicht auf Erfolg entgegentreten konnten. Von hier aus, auf der Ems, der Weser und der Elbe war der feindliche Gegenstoß zu erwarten, so daß Armin seine Kräfte nicht nach dem Süden verzetteln durfte.

Hier hätte vielmehr Marobod vorgehen müssen, entlang der Mainlinie, auf der vor drei Jahren Sentius Saturninus gegen das Markomannenland vorgegangen war. Da hätte er das Mainzer Korps, das zweite Korps der römischen Rheinarmee, das unter dem Befehl des Lucius Asprenas, eines Neffen des Varus, nur zwei Legionen stark dem Marobodschen Heer numerisch bei weitem unterlegen war, schlagen oder zumindest derart festlegen können, daß ein auch nur defensives Eingreifen dieser Truppen am unteren Rhein ausgeschlossen gewesen wäre. Dann hätte Armin hier die Lage vollkommen beherrscht und bis an den Rhein einerseits und die Nordseeküste andererseits vordringen und aller Wahrscheinlichkeit auch den Rhein selbst, an dessen Unterlauf es zunächst keine irgendwie nennenswerten römischen Truppen gab, überschreiten können. Das alles muß man sich klar machen, um die Größe der Schuld voll ermessen zu können, die Marobod durch seine ablehnende Haltung gegenüber Armin auf sich geladen hat, um andererseits aber auch die Größe der Leistung ganz zu erfassen, die Armin sich gesetzt hatte und deren restlose Auswertung die unseligen, in fluchwürdiger Kette bis in unsere Tage hinein sich fortsetzenden innerdeutschen Gegensätzlichkeiten verhinderten.

Aber auch so ist der Erfolg Armins gewaltig genug. Alles was die Römer seit einem Viertel Jahrhundert an Menschen und Material geopfert, an Bauten und Einrichtungen veranlaßt hatten, um das Land zwischen Rhein und Elbe als eine neue Provinz dem weltumspannenden Imperium anzugliedern und einzufügen, war mit einem Schlage zerstört; Rom war an den Rhein zurückgeworfen, römische Ruten und römische Beile, römische Togen und römische Advokaten waren aus den deutschen Gauen verjagt. Mit Recht sagt kein geringerer als Tacitus, der geistreiche und kenntnistiefe Schilderer römischer Geschichte von Armin „liberator haud dubie Germaniae", Worte, deren welthistorischer Bedeutung am besten der Ausspruch eines schwäbischen Forschers gerecht wird: „Indem Arminius das römische

Heer vernichtete, hat er unsere Nationalität gerettet. Daß wir noch Deutsche sind, verdanken wir ihm."

Und diese Wertung ist um so berechtigter, als Armin nicht bei der einen Tat des Sieges über Varus stehen blieb, sondern seinem Werke auch die Treue hielt, als es galt, den römischen Gegenstoß abzuwehren. Denn wenn auch die Bestürzung in Rom ob der überraschenden Katastrophe aufs erste ungeheuer war und der alte Kaiser zum Verzicht von Anfang an bereit schien, so setzte sich allmählich doch die Ansicht durch, daß das Reich nicht tatenlos der Situation gegenüber bleiben dürfe. Zunächst galt es, die Militärorganisation am Rhein wieder neu aufzubauen und zu festigen. Nicht mehr sechs Legionen schienen genug, sondern acht Legionen sollten hinfort die Grenze schützen, vier im niederrheinischen Heer und vier im mittel- und oberrheinischen. Erst im Jahre 11 n. Chr. waren Tiberius und sein Neffe Germanicus, die hier kommandierten, so weit, daß man den Rhein überschreiten konnte. Wohl blieben die Truppen bis spät in den Herbst hinein im Feindesland, doch entfernte man sich nicht sonderlich weit vom Rhein und suchte auch den Feind nicht auf, so daß es zu keinem Zusammenstoß kam. In den folgenden Jahren setzte eine aktivere Politik ein, wobei die Verhältnisse unter den germanischen Stämmen vermutlich mitbestimmend waren; man mochte hoffen, doch noch das ursprüngliche Ziel erreichen zu können, da der feindliche Bund zu zerfallen schien.

Gleich nach der Vernichtung des Varus flammte die antirömische Bewegung so allgemein auf, daß auch widerstrebende Elemente wie der Römerfreund Segestes sich ihr nicht versagen konnten. Als dann aber die Römer nichts mehr gegen Germanien unternahmen und vom Westen keine Gefahr mehr zu drohen schien, da ward der Bund, der aus dem Abwehrkampf erwachsen war, immer lockerer und die innenpolitischen Fragen traten in den Vordergrund. Es ist viel zu wenig, was wir erfahren, um uns im einzelnen von den Auseinandersetzungen und ihren Motiven ein klares Bild machen zu können. Wir hören nur, daß es dem Segestes gelang, Arminius in Ketten zu legen; freilich scheint das eine Episode geblieben zu sein; denn offenbar konnten die Anhänger Armins ihrerseits bald Segestes gefangensetzen, der sich um seiner eigenen Freiheit willen zur Freilassung seines Gegners verstand. Wann der Kampf zwischen den beiden diese Schärfe erreicht hat, läßt sich nicht näher bestimmen. Doch scheint Segestes in der eigenen Familie auf Widerstand gestoßen zu sein. Wie sein Sohn Segimund, der im Schicksalsjahr 9 die Würde eines Oberpriesters am Kölner Romaaltar bekleiden sollte, auf die Nachricht von dem Aufstand in der Heimat die Priesterbinde zerriß und über den Rhein entfloh, sich also mit der von Armin geführten Bewegung einverstanden erklärte, so widersetzte sich auch seine Tochter seinen Wünschen und nahm nicht den Mann, den der Vater sicher aus dem Kreis seiner politischen Freunde ihr zugedacht hatte, sondern ließ sich von Arminius, seinem persönlichen und politischen Gegner entführen. Doch sollte das Glück der Neuvermählten nicht allzu lange dauern. Segestes fand Mittel und Wege, seine Tochter ihrem Manne zu entführen und auf seiner eigenen Burg festzuhalten. Darob kam es zum offenen Kampf im Cheruskerland. Armin zog mit seinen Getreuen vor die Burg seines feindlichen Schwiegervaters und belagerte ihn. Segestes hielt es offenbar für aussichtslos, sich gegen die Belagerer erfolgreich zu behaupten, und sandte daher Boten an den Rhein, an Germanicus. Der römische Legionär sollte ihn gegen seinen Schwiegersohn, den Befreier Germaniens, schützen und vor ihm retten. Ein germanischer Fürst rief den römischen Erbfeind ins Land. Das war im Frühsommer des Jahres 15 n. Chr.

Am 19. August 14 n. Chr. hatte Augustus die Augen für immer geschlossen und ein paar Wochen später gab Germanicus, der jetzt allein am Rhein kommandierte, den Befehl zum Vormarsch in das rechtsrheinische Gebiet. Die vier Legionen des niederrheinischen Korps, 26 Kohorten und 8 Reiterschwadronen überschritten den Rhein und rückten zwischen Ruhr und Lippe in das Gebiet der Marser ein, um an ihnen für ihre Teilnahme am Kampf gegen Varus Rache zu nehmen. Tatsächlich gelingt es dem Römer auch, die Feinde bei einer Festesfeier zu überraschen und ihnen schwere Verluste beizubringen, wenn auch die Nachrichten, welche von einer Vernichtung der Marser sprechen, entschieden ins Maßlose übertrieben sind; denn gerade die Marser machen in den nächsten Jahren den Römern immer wieder arg zu schaffen. Doch zog man gleich nach dem gelungenen Überfall, dem auch das marsische Hauptheiligtum der Tansana zum Opfer gefallen war, zurück. Wenn auch der große Kampfbund, den Armin begründet hatte, nicht sofort in voller Geschlossenheit in Aktion getreten war, ganz auf sich allein angewiesen waren die einzelnen Stämme doch nicht mehr. Sofort eilten auf die Nachricht von dem römischen Überfall die Mannschaften der Brukterer, Tubanten und Usipeter herbei und griffen in der gleichen Art, wie es Armin im Teutoburger Wald getan hatte, den Feind an. Um ihm, der zudem auf der Hut war, gefährlich werden zu können, waren sie viel zu schwach, doch der von den Kohorten gebildeten Nachhut scheinen sie recht empfindliche Verluste beigebracht zu haben, wenn auch schließlich das römische Heer die Loslösung vom Feind erzwingen konnte.

Darüber, daß es sich bei der Unternehmung der Römer trotz des Machtaufgebotes um nicht mehr als einen Rachezug von recht bescheidenem Erfolg handelte, wobei zudem dank der Arminstat sofort der germanische Widerstand und Gegenstoß ausgelöst wurde, darüber darf uns auch der Germanicus für diesen „Sieg“ zuerkannte Triumph nicht hinwegtäuschen.

Trotz dieses nicht gerade vielversprechenden Anfanges wollte Germanicus seine Pläne fortführen und versuchte nun im folgenden Jahre 15 n. Chr. einen Generalangriff auf der gesamten Rheinfront. Die ganze Armee sollte aufgeboten werden. Während das niederrheinische Korps, vier Legionen und viele Tausende Hilfstruppen stark, gegen die Marser vorging, um diese samt ihren unmittelbaren Bundesgenossen von einem Eingreifen im Süden abzuhalten, brach Germanicus mit dem oberrheinischen Korps, gleichfalls vier Legionen und 10 000 Mann Hilfstruppen stark, von Moguntiacum gegen die Chatten vor. Ohne sonderliche Schwierigkeiten und unter entsprechenden Vorsichtsmaßnahmen kam man auch bis an den Hauptort Mattium, der niedergebrannt wurde. Doch der Feind hatte sich jedem größeren Gefecht entzogen, so daß auch diesmal von einem bleibenden Erfolg nicht die Rede sein konnte. Als man schon zum Rückmarsch an den Rhein aufgebrochen war, kam die Gesandtschaft des Segestes, von seinem Sohn Segimund widerstrebend geführt, mit der Bitte, ihn von der Umklammerung Armins zu befreien.

Wo die Burg des Segestes gelegen war, wissen wir nicht, doch dürfen wir vermuten, daß sie im westlichen Gebiet des Cheruskerlandes sich befand, da Germanicus anscheinend ohne Schwierigkeiten und ohne größere Vorbereitungen dem Hilfegesuch Folge leisten konnte. Doch wenn sie auch tiefer im Lande gelegen gewesen wäre, so hätte Germanicus der Bitte des Cheruskerfürsten um Entsatz nachkommen müssen, da er sich eine solche Gelegenheit, in die innercheruskischen Verhältnisse einzugreifen, umsoweniger entgehen lassen durfte, als es sich ja, abgesehen von allein rein militärischen Erwägungen, darum handelte zu zeigen, daß kein Römerfreund vergeblich des Imperiums Hilfe anrufe. Er machte daher sofort kehrt und marschierte vor die Burg des Segestes. Armin konnte dem römischen Vierlegionenheer gegenüber an einen energischen Widerstand nicht denken und mußte nach einem kurzen Gefecht die Belagerung aufgeben. Segestes wurde mit einer großen Zahl von Verwandten und Schutzbefohlenen befreit. Wichtiger als der Übertritt des Segestes war für die Römer, daß bei der Einnahme der Burg auch seine Tochter Thusnelda, die Gattin des Armin, in ihre Hände fiel, „die mehr die Gesinnung ihres Gatten als die ihres Vaters hatte; keine Träne rann über ihre Wangen, keine Bitte entwürdigte ihren Mund. Sie preßte in dem Bausch ihres Gewandes die Hände zusammen und blickte stumm auf ihren schwangeren Leib". Mit dieser und auch anderer Beute zog Germanicus dann rasch an den Rhein zurück.

Für Armin war das freilich ein schwerer Schlag, sein Weib in der Knechtschaft des Erbfeindes zu wissen und zu wissen, daß sie in der Gefangenschaft der Welschen, verraten von ihrem eigenen Vater, sein Kind gebären würde. Doch aus der Not schöpfte er neue Kraft und sein Leid ward zum Leid seines Stammes. Überall empfand man es als Schande, die Frau des Fürsten in Feindeshand zu wissen, und überall im Cheruskerland wirkte es als eindringlicher und gern aufgenommener Mahnruf zu unerbittlichem Kampf gegen Rom. Jetzt schloß sich auch des Armins Oheim Inguiomerus, der bislang beiseite gestanden war, mit seinem bedeutenden Anhang der arminschen Bewegung an, was im Lager des Germanicus recht bedenklich stimmte.

Doch auch dadurch wollte man sich von dem einmal entworfenen Kriegsplan nicht abbringen lassen, der einen konzentrierten Angriff auf die Cherusker vorsah. Eine Kolonne von vier Legionen unter dem Befehl des erprobten Lucius Cäsina rückte durch das Bruktererland, das die eigenen Bewohner beim Zurückgehen vor den Eindringlingen verwüsteten, an die Ems vor, während gleichzeitig die Reiterei, ihren Weg durch das Land der Friesen nehmend, dem gleichen Ziel zustrebte und die restlichen vier Legionen der gesamten Rheinarmee unter dem Befehl des Germanicus selbst über See den Fluß heraufgeschafft wurden. Der Aufmarsch gelang ohne nachhaltige Störung von seiten des Feindes und alle drei Armeegruppen konnten sich an der Ems vereinigen; aber man hatte doch nicht erreicht, was man beabsichtigt hatte. Denn Germanicus hatte gehofft, daß sich der Feind durch den dreigeteilten Angriff verleiten lassen würde, seine Streitkräfte gleichfalls zu teilen. Doch Armin behielt seine Leute beisammen und gab dem Gegner keine Gelegenheit zum Kampf, ihn dadurch zu immer weiterem Vordringen in das Innere des Landes zwingend, wobei er aber bald in Verpflegungsschwierigkeiten geraten mußte; denn aus dem Lande war ein Achtlegionenheer mit seinem ganzen Troß unmöglich zu ernähren.

Germanicus konnte auch nicht weiter vordringen, sondern zog das Emstal aufwärts und ließ das Gebiet zwischen Ems und Lippe im Oberlauf der beiden Flüsse verwüsten. Vorsichtig näherte man sich dem Schlachtfeld, auf dem einst die Legionen des Varus ihren Untergang gefunden hatten, und hielt eine Leichenfeier ab, ungestört vom Feind, der jedoch in den Wäldern der Umgebung in gedeckter Stellung lag. Die Lage war für die Römer keineswegs erfreulich. Acht Legionen hatte man aufgeboten und ins Feindesland geführt, ohne bisher auch nur das Geringste zu erreichen; der Feind stand in der Nähe, das wußte man, und doch konnte man ihn nicht fassen. Es war wahrlich kein besonderes Zeugnis für die römische Kriegskunst; ein Abbrechen des Feldzuges in dieser Lage wäre mit dem Eingeständnis einer Niederlage gleichbedeutend gewesen. Man mußte also

Germanischer Reiter

Waffen und Gefäße aus dem reichen Brandgrab von Grebo, Östergötland

trachten, doch noch irgendwie zum Schlagen zu kommen. So entschloß sich Germanicus, dem Armin, der sich immer tiefer in unwegsames Gelände zurückzog, trotz der drohenden Gefahren zu folgen. Endlich hatte man ihn erreicht und die vorausgesandte Reiterei ging auf einer großen Lichtung sofort zum Angriff über. Da ließ auch Arminius seine Leute angreifen und die im Wald bisher zurückgehaltenen Gruppen umfassend vorbrechen, so daß die römische Reiterei in arge Bedrängnis geriet, in Unordnung auf die von den Kohorten gebildete Reserve zurückging und auch diese in Verwirrung brachte. Die Germanen stießen wohlgeordnet nach und drängten ihre Gegner immer schneller auf ein hinter ihnen gelegenes Moor zurück, das ihr aller Grab geworden wäre, wenn nicht gerade noch im letzten Moment Germanicus seine Legionen zum Entlastungsstoß herangeführt hätte. So brachte er zwar das Gefecht soweit zum Stehen, daß er es wenigstens einigermaßen geordnet abbrechen konnte. Wohl berichten die römischen Geschichtsschreiber von einem unentschiedenen Gefecht; rein äußerlich betrachtet, mag das auch zutreffen, doch in Wahrheit stand der Erfolg auf Armins Seiten. Der Feind hatte sich trotz des gewaltigen Aufgebotes neuerdings den strategischen Wünschen Armins fügen müssen, der ihm den Kampfplatz vorschrieb, und hatte in der Schlacht, die er abbrechen mußte, selbst ziemlich bedeutende Verluste erlitten, während Armins Truppen offenbar völlig ungeschwächt aus dem Kampfe hervorgingen.

Germanicus mußte den Rückzug anordnen. Die Reiterei wurde an die Küste zurückgeschickt, ein Teil der Armee wieder eingeschifft, während Cäsina wieder zu Land an den Rhein zurückkehren sollte. Darauf hatte Armin gewartet; denn jetzt konnten die beiden anderen Abteilungen nicht mehr wie möglicherweise beim Vormarsch dem Cäsina, falls er angegriffen wurde, zu Hilfe eilen, da sie durch den vorhandenen Proviant in ihren Bewegungen gebunden waren; sie mußten auf den vorgesehenen Routen heimkehren. Cäsina stand mit seiner Abteilung von allerdings vier Legionen allein Arminius gegenüber und mußte zudem durch ein äußerst sumpfiges Gelände zurück, durch das schwache Bohlenwege führten, die die Römer lange Brücken nannten. Armin und seine durch keinen besonderen Troß beschwerten Leute kamen natürlich leicht auf Seitenwegen den Römern zuvor und hatten das umliegende Gebiet bereits besetzt, als die Legionen des Cäcina an der schwierigsten Stelle des Weges anlangten.

Zunächst wollte Cäcina versuchen, unter entsprechender Bedeckung von seinen Pionieren die Bohlenwege ausbessern zu lassen. Doch ein Tag verlustreichen Kampfes brachte ihn zu der Erkenntnis, daß er nur mit seiner ganzen Armee in rangierter Ordnung sich den Durchmarsch würde erzwingen können. In der Nacht taten die Germanen zudem noch ihr möglichstes, den Moorweg noch weiter zu zerstören. Als dann Cäcina am nächsten Morgen mit seinen Truppen in der vorgesehenen Ordnung aufbrach, versagten die beiden zur Flankendeckung bestimmten Legionen und brachen durch die sumpfige Stelle ohne Rücksicht auf das übrige Heer durch, um das jenseitige freie Feld zu erreichen. So entbehrte der Troß der Deckung und der Hilfe zugleich und blieb im Morast stecken, wodurch sofort alles in größte Unordnung geriet. Jetzt hielt Armin die Zeit für den Angriff gekommen und ließ seine Leute vorbrechen. Cäcinas Schicksal schien besiegelt; es begann wieder ein furchtbares Gemetzel und es fehlte nicht viel, so wäre auch dieses Heer gleich dem des Varus vernichtet worden, doch einerseits bewahrte Cäcina seine Kaltblütigkeit und andererseits verlockte der Troß die Germanen zu sehr zum Plündern. So fanden die Legionäre die Möglichkeit, sich unter verzweifelten Kämpfen herauszuarbeiten und tatsächlich das jenseitige freie Feld zu gewinnen. So gut es ging, wurde eine Erdbefestigung zum Schutz der hart mitgenommenen Truppen aufgeworfen. Eine gewisse Sicherheit war damit gewonnen, aber noch lange nicht die Rettung. Denn den Troß hatte man verloren und damit fast allen Mundvorrat; was der Einzelne bei sich trug, mußte genügen. Lange konnte man daher hinter dem schützenden Wall nicht bleiben; rückte man aus, mußte man wieder durch den Sumpf und dann war dem Untergang kaum zu entgehen. Das sagte sich ebenso wie Cäcina auf der einen Seite auf der anderen Armin und er riet den Seinen, die Römer erst aus dem Lager herauszulassen und sie dann wieder im Morast und Gestrüpp zu umzingeln. Man sollte sich in den Wald zurückziehen und den Feind in Sicherheit wiegen.

Dem trat jedoch Inguiomerus entgegen, der im Hinblick auf die schweren Verluste des Gegners und seine Niedergeschlagenheit sich für die Erstürmung des Lagers einsetzte; trotz des Widerspruches Armins stimmten die germanischen Kämpfer diesem Plane zu. Früh am Morgen stürmten sie auf die Wälle und suchten die notdürftig aufgerichteten Palisaden einzureißen – da gab Cäcina Befehl zum Ausfall. Die geschlossenen Glieder der Kohorten stürmten aus den Toren heraus, packten die an den Befestigungen festgebissenen Germanen im Rücken und brachten den völlig Überraschten schwere Verluste bei, so daß nach hartem Kampf – Inguiomerus und viele andere der Führer waren verwundet – die Germanen den Rückzug antreten mußten. Cäcina und die Reste seiner Legionen, von deren Untergang das Gerücht am Rhein bereits erzählt hatte, waren gerettet. Die bessere taktische Schulung, die Armin immer auszuschalten getrachtet hatte, hatte sich gegenüber dem heldenmütigen, aber blinden Ungestüm durchgesetzt.

Aber wenn auch so ein Teil der Legionen des Cäcina gerettet war, die Höhe der sicherlich sehr beträchtlichen Verluste ist uns nicht überliefert, und an den Rhein zurückkehrte, so konnte von einem Erfolg des Feldzuges, zumal auch die andere Kolonne an der Küste durch die Naturgewalten hart mitgenommen worden war, nicht gesprochen werden. Man hatte zwar den Feind schließlich doch noch zum Schlagen gebracht, sich aber nur mit größter Mühe vor der Vernichtung retten können. Irgendein realer oder auch nur moralischer Gewinn war trotz aller Anstrengungen nicht erzielt worden.

Trotzdem wollte Germanicus von seinem kühnen Planen, sich den ererbten Namen des Germanenüberwinders selbst zu verdienen, noch nicht ablassen. Diesmal wollte man das gesamte Heer mittels der Flotte ins feindliche Land bringen; tausend Schiffe, zum Teil von besonderer Konstruktion, gab man in Auftrag. Eine Unternehmung zum Entsatz eines Kastells im Lippetal, das von den Germanen überfallen worden war, verbunden mit einem Vormarsch bis auf das Schlachtfeld der Varusniederlage, wo die Germanen Grabhügel und Drususaltar zerstört hatten, und ein kurzer Vorstoß in chattisches Gebiet sollte den Feind offenbar hinsichtlich der eigentlichen Angriffsrichtung unsicher machen. Dann wurde die gesamte Armee von acht Legionen und zahlreichen Hilfstruppen eingeschifft und möglichst schnell an die Emsmündung gebracht. Auf mehreren Brücken setzte man dann auf das rechte Ufer über, scheint sich aber noch einige Zeit in der Nähe des Flusses gehalten zu haben und dann in der Richtung auf das Wiehengebirge vorgerückt zu sein. Als Germanicus aber in Erfahrung brachte, daß Armin mit seinem Heer hinter der Weser Aufstellung genommen hatte, rückte er selbst auch an den Fluß heran, nachdem vorher eine Aufstandsbewegung bei den Angrivariern niedergeworfen war. Bevor nun die Römer unter dem Schutz der den Fluß forcierenden Reiterei ihre Legionen auf das rechte Weserufer brachten, soll hier die berühmte Unterredung zwischen Armin und seinem noch immer im römischen Heer dienenden Bruder Flavus stattgefunden haben; mag sie von einem Dichter erfunden sein oder mag sie der Wirklichkeit entsprechen, auf alle Fälle gibt sie eindrucksvoll die Gedanken der römerfreundlichen Gruppe einerseits und der Armins andererseits wieder, der seine Leute zum Kampf um die heiligen Rechte des Vaterlandes, um die ererbte Freiheit des Volkes und die Ehre der heimischen Götter führte, wozu ihn seine edle Abkunft verpflichtete. Es sind tiefe, edle Gedanken, die da der römische Schriftsteller vom Dienst an Ehre und Freiheit des Volkes dem Barbaren in den Mund legt.

Am rechten Ufer der Weser, auf dem von waldigen Höhen umrahmten Feld Idistaviso kam es zur Schlacht, von deren Einzelheiten wir uns trotz eines längeren Berichtes bei Tacitus keine ganz klare Vorstellung machen können. Das ist um so bedauerlicher, als es sich dabei um eine rangierte Schlacht handelte, deren Verlauf uns Aufschluß geben würde über das taktische Können der Germanen, die Armin sicher nicht ohne Schulung in den Kampf führte. Wir können nur soviel mit Sicherheit sagen, daß auch im offenen Felde, wo die technische Überlegenheit der Legionen unbedingt hätte zum Ausdruck kommen müssen, die Germanen lange Zeit sich offenbar sehr gut gehalten haben. Der Kampf wogte lange hin und her, Armin war überall in der vordersten Reihe; es gelang ihm einmal sogar, die römische Linie zu durchbrechen, wobei er auch verwundet wurde. Gegen Abend erst mußten die Germanen zurückgehen.

Wenn der römische Bericht von einem großartigen, fast unblutigen Sieg zu berichten weiß, während auf germanischer Seite alles niedergemetzelt worden wäre, so kann das unmöglich den Tatsachen entsprechen. Gewiß konnten die Römer das Schlachtfeld behaupten, ihre Gefallenen bestatten und das übliche Siegesmal errichten. Mit diesem taktischen Erfolg mußten sie sich auch begnügen. Eine Verfolgung des Feindes konnten sie nicht durchführen, ja sie konnten nicht einmal am rechten Weserufer verbleiben, sondern traten sofort nach der Schlacht den Rückzug an. Strategisch war gar nichts erreicht und es ist bezeichnend, daß der Kaiser Tiberius es ablehnte, sich aus diesem Anlaß zum Sieger ausrufen zu lassen, wie es die Sitte erlaubt hätte. Und wie wenig die Widerstandskraft der Germanen gebrochen war, erhellt am besten daraus, daß sie das römische Heer auf seinem Rückzug gleich wieder angreifen und ihm empfindliche Menschen- und Materialverluste beibringen konnten. Und die Römer konnten sich ihren Verfolgern nicht entziehen, mußten vielmehr an der Grenze des Cheruskerlandes bei den Agrivariern, wo die Germanen eine Feldbefestigung besetzt hatten, sich zu neuerlichem Kampfe stellen.

Wieder lautet der einigermaßen verworrene Bericht über den einen vollen Tag währenden Kampf für die Römer sehr günstig. Aber zwischen den Zeilen ist doch mancherlei der Wahrheit Gemäßeres zu lesen. Germanicus mußte selbst sich an die Spitze der beiden vom Kaiser ihm zugesandten prätorianischen Kohorten, also der Elitetruppe, setzen, um die Front überhaupt halten zu können. Während sieben Legionen und die Hilfsvölker im Kampfe standen, wurde eine Legion beauftragt, das Lager hinter der Front aufzuwerfen, damit man sich dorthin zurückziehen könne. Und nicht die Truppen riefen den Feldherrn als Sieger aus, sondern der Feldherr erklärt erst beim Appell, daß ein großer Sieg errungen sei. Alles deutliche Zeichen, daß der Erfolg sich praktisch darauf beschränkte, daß man sich den Rückzug erkämpft hatte. Und darüber konnte auch die von Germanicus auf dem Schlachtfeld angeblich errichtete Inschrift nicht hinwegtäuschen, die von der Niederzwingung der Völker zwischen Rhein und Elbe, die man nicht einmal gesehen hatte, berichtete. Denn sofort ging man an die Ems zurück, wo der Großteil der

Truppen eingeschifft wurde, während der Rest über Land an den Rhein zurückging. Daß die Flotte auf der Heimfahrt in einem schweren Unwetter arg mitgenommen wurde, trug natürlich dazu bei, das Gefühl des Mißlingens noch zu erhöhen. Wohl wurden dann vom Rhein aus noch zwei Strafexpeditionen gegen die Chatten und Marser durchgeführt und man konnte dabei auch durch Verrat einen der unter Varus verlorenen Legionsadler zurückgewinnen, aber wirklich erreicht wurde auch hier nichts.

Man mußte einsehen – und Tiberius war stark genug, dieser Einsicht gemäß zu handeln und jeden weiteren Feldzug zu verbieten –, daß der Untergang des Varus nicht bloßem Zufall zugeschrieben werden dürfe, daß vielmehr unter Führung des Arminius die militärische Widerstandskraft der Germanen soweit zusammengefaßt war, daß sie der Offensivkraft der Römer die Waage hielt. Man beschränkte sich auf die Sicherung der Rheinlinie. Der augusteische Traum von der Elbgrenze war endgültig zerschlagen von Armins harter Hand, der Germaniens Befreier war, nicht ob seiner jünglingshaft begeisterten Freiheitsidee, sondern dank seiner militärischen Tüchtigkeit und Zielsicherheit. Das hat keiner richtiger ausgedrückt als Tacitus, wenn er den Cheruskerfürsten einen Mann nennt, „der nicht, wie andere Könige und Heerführer das römische Volk in seinen Anfängen, sondern das römische Reich auf der Höhe seiner Macht herausgefordert hat. In den Schlachten hat er mit wechselndem Glück gekämpft, aber im Krieg ist er unbesiegt geblieben".

Doch Armins Werk war mit der Abwehr der römischen Offensive, mit dem Zurückdrängen der Legionen an den Rhein noch nicht beendet. Gewiß dachte er – wenigstens vorläufig – nicht daran, seine Waffengefährten zum Kampf gegen Rom über die natürlichen Grenzen hinaus zu führen. Dazu wäre die Stoßkraft des von ihm geschaffenen Kampfbundes der verschiedenen mitteldeutschen Stämme zu schwach gewesen. Wenn man überhaupt solchen Plan in Erwägung ziehen wollte, dann galt es zunächst, die deutschen Stämme insgesamt enger zusammenzuschließen. Freilich sind unsere Quellen für das Geschehen auf germanischem Boden nur allzu dürftig, aber das läßt sich doch mit ziemlicher Bestimmtheit sagen, daß Armin, gestützt auf sein durch den Sieg über die Römer begründetes Ansehen, solchen Plänen nachhing. Dabei stand ihm jenes Königreich des Marobod im Wege, das zwar einen beachtlichen Teil deutschen Landes umschloß und zu einer Einheit verband, das sich aber bei der Auseinandersetzung mit Rom nur um die eigenstaatlichen Belagen, nicht aber um die gemeingermanischen Fragen bekümmert hatte. Daher trachtete Armin diesen Staat, wenn auch nicht zu beseitigen, so doch so weit zu schwächen, daß er seinen Wünschen sich unterordnen müßte. Der Erfolg schien mit ihm zu sein. Die Langobarden und Semnonen, die beiden rechtselbischen Völker, lösten sich aus dem Verbande des Marobodschen Staates los und schlossen sich Armin, „dem Vorkämpfer für die Freiheit", an. Marobod griff darob gegen Armin zu den Waffen, doch wäre sein Widerstand gegen den cheruskischen Bund von vorneherein aussichtslos gewesen, wenn nicht Armins Oheim Inguiomerus, der im Kampf gegen Rom auf Armins Seite durch seine taktischen Fehlansichten wenig günstigen Einfluß genommen hatte, mit seinen Anhängern zu Marobod übergegangen wäre. Der Grund hierfür war, wenigstens nach den Worten des römischen Historikers, an deren beschämender Wahrheit zu zweifeln wir leider keinen Anlaß haben, der, daß „er es als Oheim bei seinem Alter unter seiner Würde hielt, sich dem jugendlichen Sohne seines Bruders unterzuordnen". Selbstsüchtiger Eigendünkel der älteren Generation trug schweren Zwiespalt in die hoffnungsvolle Idee germanischer Einigung.

Trotzdem nahm Armin den Kampf gegen Marobod auf; nordwärts von Böhmen mögen die beiden Heere aufeinander gestoßen sein; wir kennen den Ort nicht, wo die lange traurige Reihe der um die Idee der deutschen Volkseinheit immer wieder zwischen Nord und Süd geschlagenen Schlachten beginnt. Wir erfahren nur, daß die Schulung nach römischer Gefechtslehre in beiden Heeren sehr bedeutend war; denn „sie verzettelten nicht, wie früher die Germanen, ihre Kraft in planlosen Angriffen oder in zerstreuten Haufen, denn sie hatten ... gelernt Reih und Glied zu halten, sich durch Reserven zu sichern und den Befehl ihrer Heerführer zu gehorchen". Von gewaltiger erzieherischer Arbeit an den ältesten germanischen Heeren, von denen wir wissen, künden diese Worte, die Armin und Marobod in gleicher Weise als bedeutende Heeresorganisatoren erscheinen lassen.

Doch neben der Gewalt der Idee, daß man für den alten Ruhm und die jüngst errungene Freiheit ins Feld zog, während auf der Gegenseite der Gedanke der Zwingherrschaft stand, gab bei dem Heere Armins die praktische Kriegserfahrung der letzten Jahre den Ausschlag. Zwar gelang ihm kein voller Sieg über seinen Gegenspieler, doch bevor es noch zu einer neuen Schlacht kam, trat Marobod den Rückzug an, damit seine Schwäche offen eingestehend. Sogleich auch griff in seinem Lager der Abfall um sich und es mochte scheinen, daß Armin, als Marobod in das eigentlich markomannische Gebiet zurückging, dessen Vernichtung ihm sicher ferne gelegen hatte, erreichen würde, ihn durch Schwächung zum Eintritt in den cheruskischen Bund zu zwingen.

Aber Marobod wollte das Spiel noch nicht verloren geben.

Bar jeglichen Verständnisses für Armins Idee, befangen in dem Wunsche nach persönlicher Herrschaftssicherung, ward er dazu verleitet, zu seiner Schande und zum Leid des germanischen Volkes, Gesandte nach ... Rom zu schicken und dort um militärische Unterstützung nachzusuchen.

Tiberius, der am Rhein weitere Kämpfe gegen die Germanen unterbunden hatte, hatte nach dem Verzicht auf die Elblinie nicht die geringste Veranlassung, an der Donaugrenze sich in nutzlose Kämpfe einzulassen. Er lehnte das Gesuch des Markomannenkönigs mit dem Hinweis ab, daß die Römer im Kampf gegen die Cherusker bei ihm auch keine aktive Unterstützung gefunden hätten. Damit verzichtete Rom jedoch keineswegs auf politische Betätigung im markomannischen Gebiet; nur Marobod schien nicht mehr der richtige Mann. Denn stützte man ihn und kam er wieder zu Macht, so wußte man nicht, wessen man sich von seiner Seite zu versehen hätte; selbst bloß die Markomannen und Quaden, einheitlich geführt, konnten zu einer empfindlichen Störung der Grenzverhältnisse im norischen Raum werden. Es empfahl sich daher, den durch die Erschütterung des Ansehens Marobods eingeleiteten Auflösungsprozeß zu beschleunigen.

Es war ein mit Marobod persönlich verfeindeter Edeling namens Catualda, dessen man sich zu diesem Zweck bediente. Binnen kurzem gelang es diesem, von Rom offenkundig unterstützt, eine weit verzweigte Verschwörung gegen Marobod anzuzetteln, so daß dieser keinen anderen Ausweg fand, als bei Tiberius um Zuweisung eines Gnadensitzes innerhalb des römischen Reiches zu bitten. Wir dürfen bezweifeln, ob man solchen Erfolg in Rom erwartet hatte; jedenfalls griff man zu und wies dem gestürzten König Ravenna zum Aufenthalte an. Damit hatte man das stolze Markomannenreich zum Klientelstaat herabgedrückt. Noch achtzehn Jahre lebte Marobod in der freiwilligen Gefangenschaft, er, der es einst in der Hand gehabt hätte, das Römerreich von der Donau auf die Alpen zurückzudrängen; „aber seinen früheren Ruhm hatte er selbst vernichtet, weil er allzu sehr am Leben gehangen hatte".

Während so das Markomannenreich durch die Schuld seines Gründers zu einem Spielball römischer Politik wurde, scheint Armin seine Pläne einer Einigung der germanischen Stämme weiter verfolgt zu haben, wobei ihm anscheinend Erfolg nicht versagt war, wenn wir auch im einzelnen gar nichts Sicheres wissen. Als er dann aber versuchte, diesem Bund der Stämme – denn um mehr wird es sich kaum gehandelt haben – eine rechtlich fundierte Spitze zu geben, ist er gescheitert. Man warf ihm Streben nach der Königsherrschaft vor; vielleicht meinte er, als König seines eigenen Stammes den Bund fester zusammenzuhalten zu können, vielleicht ging sein Streben noch höher hinaus. Das wissen wir nicht; wir wissen nur, daß dieser Vorwurf genügte, um bei seinem eigenen Stamm den Krieg zu entfachen. Längere Zeit scheint er sich mit seinen Anhängern nicht ohne Erfolg zur Wehr gesetzt zu haben. Doch zum Ziel kam er nicht. Durch die Hinterlist seiner Verwandten kam er zu Fall, berichtet trocken der Chronist, im Alter von 37 Jahren, nachdem er zwölf Jahre hindurch, die wir wahrscheinlich von dem im Jahre 7 n. Chr. erfolgten Tod seines Vaters zu rechnen haben, an der Spitze seines Stammes gestanden hatte.

Viel mehr werden wir wahrscheinlich nie über Armin, den Cheruskerfürsten, erfahren; vielleicht, daß es einem glücklichen Finder gelingt, den Ort sicher festzustellen, an dem er zum ersten Male die germanischen Mannen gegen die Legionen der römischen Eindringlinge zum Sieg geführt und welscher Eroberungssucht ein furchtbares Halt geboten hat. Doch wenn uns auch weiterhin das Wissen um diesen heiligen Fleck Erde, wo unsere Ahnen die Gefahr der Romanisierung Germaniens in blutigem Streit abgewehrt haben, versagt bleiben sollte, so muß das Wissen um den Mann, der Großes getan und noch Größeres gedacht hat, weiterleben, da er mit seinen sieghaften Taten und seinem zwiespaltschwangeren Sterben so recht ein Sinnbild ist des siegreichen und doch so leidvollen, schon fast zweitausendjährigen Ringens unseres Volkes um Freiheit und deutsche Einheit.

Civilis

Als man unter der Regierung des Augustus daran gehen wollte, Germanien bis zur Elbe hin zu unterwerfen, war es notwendig, schon um die als Einfallslinien wichtigsten Flüsse Ems, Weser und schließlich die Elbe selbst in die Hand zu bekommen, die Nordseeküste von der Rheinmündung an der römischen Macht zu gewinnen. Wann und unter wessen Kommando diese wichtige Sicherung vollzogen worden ist, können wir nicht sagen; zum Abschluß wurde sie gebracht, als Drusus im Jahre 12 v. Chr. die Friesen zum Anschluß an das römische Reich brachte; schon vorher aber mußten die rein germanischen Bataver, welche in der Hauptsache das von Waal und Niederrhein umschlossene, der antiken Geographie als Bataverinsel geläufige Gebiet bewohnten, unterworfen worden sein. Ob das ebenfalls Drusus gelungen oder aber schon Jahre früher von Agrippa anläßlich seines Aufenthaltes am unteren Rhein vollzogen worden war, muß fraglich bleiben. Jedenfalls stellten die Bataver sehr bald dem römischen Heere äußerst hoch geschätzte Hilfstruppen. Die hochgewachsenen, blondhaarigen, jungen Leute, die in römisch formierten Kohorten von ihren eigenen Edelleuten geschult und geführt worden, waren als die besten germanischen Reiter überall gern gesehen und wurden besonders ob ihrer Kunst, mit ihren Pferden in voller Rüstung in geschlossenen Schwadronen auch größere Flüsse durchschwimmen zu können, bewundert. Von gleichen Steuern und sonstigen Abgaben gänzlich frei, nur eben in den eigenen Landsmannschaften zur Heeresfolge verpflichtet, das ließ den kampfeslustigen und anscheinend äußerst volkreichen Stamm die römische Herrschaft in keiner Weise lästig oder gar drückend erscheinen; und sie lohnten die Schonung mit blinder Gefolgstreue. An den Kämpfen zumal des Germanicus gegen den Kampfbund Armins nahmen sie in großer Zahl teil, und es waren batavische Reiter, welche vor der Schlacht bei Idistaviso unter ihrem Fürsten Chariovalda in einer kühnen, aber äußerst blutigen Attacke den Übergang über die Weser erkämpften. Später zeichneten sie sich wieder unter Kaiser Claudius in den Kämpfen in Britannien ganz besonders aus.

Auf solche Art konnte die Romanisierung des stolzen und rauhen Stammes fast unvermerkt sehr bedeutende Fortschritte machen; große Teile des Volkes lernten im Lager der Legionen römische Gesittung kennen und erwarben sich im Dienst das römische Bürgerrecht und vertauschten dabei ihre alten germanischen Namen mit neuen römischen, eine Entwicklung, die wir besonders gut in den Kreisen des Adels verfolgen können. So hätte in ruhiger Entwicklung auch der innere Anschluß des Volkes an die römische Kulturwelt vor sich gehen können, wenn nur die Amtsverwalter Roms sich auch stets ihrer großen Verantwortung dem Weltreich gegenüber bewußt gewesen wären. Doch es kam im Laufe der Zeiten auch hier so wie in anderen Teilen des Reiches zu Unregelmäßigkeiten, die der gerade Sinn der unverdorbenen Germanen besonders schwer empfand. Zwar hatte das Land keine Steuern zu leisten und so kannte man hier wenigstens die Geisel der Steuereintreiber nicht; doch das suchten die Militärbeamten wettzumachen. Bei den Aushebungen zwang man auch alte oder schwächliche Leute, die offenkundig für das Kriegshandwerk untauglich waren, unter die Waffen und ließ sie dann wieder gegen ein gutes Stück Geld frei; die Jungen aber, auffallend durch ihre schlanken und gesunden Körper, schleppte man, wie der römische Chronist berichtet, zu besonderen Zwecken fort. Die herben, kraftstrotzenden Leiber dieser in nordischer Salzluft aufgewachsenen Burschen waren für die verweichlichten Genießer und die liebessüchtigen Dämchen der Weltstadt ein besonderer Reiz.

Das rief eine tiefgehende Erbitterung im Lande hervor und es bedurfte nur des Anlasses und des Führers, um diese Mißstimmung zum offenen Aufruhr werden zu lassen. Das merkte auch die römische Regierung und glaubte offenbar, durch energisches Zugreifen die Bewegung im Keim ersticken zu können.

Im Jahre 68 n. Chr. ließ der Legat von Niedergermanien Fonteius Capito, allerdings ohne irgendwelche beweiskräftige Anhaltspunkte, das aus königlichem Geschlecht stammende Brüderpaar Julius Civilis und Claudius Paulus festnehmen, da sie über den größten Einfluß unter den Batavern verfügten, und den Paulus sofort hinrichten. Civilis, der schon bald 25 Jahre als Kohortenkommandant im römischen Heere diente, also damals ein Vierziger gewesen sein muß, schickte er in Ketten nach Rom, wo er jedoch von Galba, der eben den Thron der Cäsaren bestiegen hatte, freigesprochen und wieder in seine Würde eingesetzt wurde.

Auf seinen Posten zurückgekehrt, wurde er als Schützling Galbas, dem die in Germanien stehenden Truppen den Eid verweigert hatten, von der Soldateska schwer angegriffen. Nur mit Mühe gelang es dem von den Legionen des rheinischen Heeres zum Kaiser ausgerufenen Vittelius, den Civilis zu retten; denn er wußte sehr wohl, daß er der Unterstützung der batavischen Kohorten beim Kampfe um die Herrschaft im Reiche unbedingt bedürfte, und so konnte er sie nicht durch den Tod ihres angesehensten Führers und Fürsten sich abwendig machen.

Doch Civilis fragte jetzt nicht mehr danach, wem er sein Leben verdanke, der Justizmord an seinem Bruder und die Schmach, daß er in Ketten geschlossen gewesen, der dem Reiche bislang ehrlich gedient hatte, erfüllten sein Denken und er sann auf Vergeltung, die er nur im Kampfe gegen die römische Zwingherschaft finden zu können meinte, ohne sich schon über die letzten Konsequenzen seines Vorgehens ganz im Klaren gewesen zu sein. Erleichtert wurde ihm sein Beginnen durch die Thronwirren; Vittelius hatte den Otho niederkämpfen können, doch inzwischen riefen die Truppen des Ostens, denen sich die Donauarmee anschloß, Vespasian zum Kaiser aus. Im Gegensatz zum Rheinheer, das an Vittelius festhielt, erklärte sich Civilis für Vespasian. So konnte er gegen die Legionen am Rhein kämpfen, ohne deshalb den offenen Kampf gegen die gesamte römische Herrschaft zugeben zu müssen; ja diese Stellung brachte es mit sich, daß er von offizieller römischer Seite, so vom Statthalter Obergermaniens und vom Legaten Pannoniens in seinem Vorhaben bestärkt und unterstützt wurde.

Seine Landsleute, die er in einem heiligen Hain versammelte, konnte er leicht für die Idee, die Römerherrschaft abzuschütteln, gewinnen; gewiß gab es auch unter den batavischen Edlingen so manchen Römerfreund, doch spielten sie keine entscheidende Rolle, da sie meist verarmten und heruntergekommenen Familien angehörten. In feierlicher Weise, nach altem Brauch der Väter banden sich die Schwurgenossen um so leichter, als der Wille der heimischen Götter ihr Vorhaben zu billigen schien; denn dem Spruch der weisen Jungfrau Veleda aus dem Stamme der Brukterer zufolge würde den germanischen Waffen der Sieg sicher sein.

Schon aus dieser Beziehung zu Veleda ergibt sich, daß wir das Unternehmen des Civilis keineswegs bloß als eine jedes größeren nationalen Zusammenhangs entbehrende Soldatenmeuterei unter einem sehr ehrgeizigen Führer auffassen dürfen. Vielmehr waren, als die Bataver im Sommer 69 n. Chr. weitere Aushebung von Jungmannschaften den Römern verweigerten, bereits Verbindungen mit anderen germanischen Stämmen, die zum Kampf gegen Rom bereit waren, hergestellt. Denn Civilis war, nachdem er die Vornehmen seines Stammes für seine Pläne gewonnen hatte, sofort bemüht die stammverwandten Canninefaten und die Friesen zu gewinnen; das war dringend notwendig, um die entsprechende Rückendeckung im Norden gegen einen Angriff der römischen Flotte zu haben. Bei beiden Stämmen hatte er Erfolg. Man überfiel die nur schwach besetzten Kastelle und erschlug, was an römischen Kaufleuten und Marketendern im Lande war; nicht einige wenige Adlige führten den Kampf gegen Rom, sondern das ganze Volk war aufgestanden gegen die Erpresser und Ausbeuter.

Mit Mühe konnten die Lagerkommandanten, nachdem sie selbst die unhaltbar gewordenen Kastelle in Brand gesteckt hatten, die Reste ihrer Truppen am Ufer des Rheines zusammenziehen, wo man sich von der hier vereinigten Stromflottille von 24 Einheiten wenigstens einige Hilfe versprach. Doch die verfügbaren Kräfte waren von vorneherein viel zu schwach, um den Kampf gegen die von Civilis geführten Mannschaften der Bataver, Canninefaten und Friesen mit einiger Aussicht auf Erfolg zu führen. Als dann auch noch die aus den germanischen Tung-

Germanischer Fahnenträger im römischen Heer

Nachbildungen römischer Goldmünzen und Medaillons

rern bestehende Kohorte zu den Aufständischen überging und auch die batavischen Ruderer auf den Schiffen die Fahrzeuge in ihre Gewalt gebracht hatten, war das Schicksal der römischen Truppen besiegelt; binnen kurzem waren sie überwältigt und niedergehauen. Civilis hatte einen Erfolg errungen, der in materieller Hinsicht durch die Gewinnung zahlreichen Kriegsmaterials und insbesondere der 24 Schiffe ebenso bedeutend war wie in moralischer. Das war um so wichtiger, als inzwischen auch die in Mainz untergebrachten batavischen Kohorten der geheimen Botschaft des Civilis, die sie von dem Freiheitskampf ihres Volkes verständigte und zum Rückmarsch in die Heimat aufforderte, Folge geleistet hatten. Auf dem Marsch war ihnen die Legion vom Bonner Lager entgegengetreten; doch wurde ihr Widerstand rasch und blutig gebrochen und die batavischen Kohorten marschierten nun ungehindert zu Civilis, der jetzt schon über ansehnliche Streitkräfte verfügte, die durch die Tat bereits bewiesen hatten, daß sie den römischen Truppen die Stirne bieten konnten.

Es kann nicht Wunder nehmen, daß dadurch die Bewegung sich rasch ausweitete und man auch auf rechtsrheinischer Seite, wo naturgemäß auch Veledas Einfluß mitgespielt hat, mitzutun bereit war. Die beiden großen Stämme der Brukterer und Tenkterer waren es, die nun die römische Verteidigung am Rhein in breiter Front bedrohten, während auf dem linken Rheinufer der Anschluß der Cugerner besonders wichtig war, weil dadurch der Bereich des Civilis bis unmittelbar an das Land der Ubier ausgedehnt wurde. Doch Civilis wußte sehr wohl, daß er trotz der schlaffen Haltung des derzeitigen Oberkommandierenden an der Rheingrenze Hordeonius Flaccus auf die Dauer alleine der römischen Macht nicht Widerstand leisten könne. Darum versuchte er, mit den Galliern Verbindungen anzuknüpfen und auch diese zum Aufstand zu bringen, wobei er nun auch offen zugab, daß er nicht gegen den einen oder anderen Prätendenten in Rom, sondern gegen die römische Herrschaft überhaupt kämpfte und ihm die Errichtung eines selbständigen Reiches als letztes Ziel vorschwebe. Diese Gelegenheit und die augenblickliche Schwäche der römischen Regierung sollten auch die Gallier nicht ungenutzt vorübergehen lassen, sondern im Verein mit ihm sich auch ihrerseits die Freiheit erkämpfen.

Wiewohl solche Machenschaften den Römern unmöglich verborgen bleiben konnten, ging Flaccus nur sehr schwächlich vor, wobei es sein größter Fehler war, daß er offenbar den nationalen Charakter der ganzen Bewegung nicht begriff. Nur so ist es zu verstehen, daß er den beiden Legionen, die er gegen Civilis entsandte, neben anderen Hilfstruppen auch die eine noch auf der Seite der Römer verweilende batavische Reiterschwadron mitgab. Wiewohl ihr Kommandant Claudius Labeo persönlich mit Civilis verfeindet war, konnte er es nicht hindern, daß die gesamte Schwadron während des Kampfes zu den Germanen überging; Labeo wurde gefangen gesetzt und ins Friesenland in Gewahrsam gegeben. Doch des Civilis Aufruf zum Freiheitskampf tat auch über den engeren Kreis seiner Stammesgefährten hinaus breite Wirkung. Zugleich mit den Batavern verließen auch Abteilungen der Ubier und, was noch wichtiger war, auch solche der keltischen Treverer unter ihrem Führer Julius Classicus die römischen Linien. Es ist klar, daß unter diesen Umständen die ausgesandten Legionen gegen Civilis nichts ausrichten konnten, sondern froh sein mußten, sich wenigstens den Rückzug nach Castra Vetera (Xanten) erkämpfen zu können.

So hatten die Legionstruppen das freie Feld gegenüber den Aufständischen nicht behaupten können und mußten sich in ihre Lager zurückziehen, deren Befestigungen man noch, so gut es ging, zu verstärken trachtete; aber es gelang nicht mehr, auch die nötigsten Vorräte hineinzuschaffen, da Civilis nach den letzten Erfolgen, rasch entschlossen, seinerseits zur Offensive vorging und zunächst Castra Vetera einschloß, wobei auch die gewonnene Flottille vom Rhein her mitwirkte. Doch der erste Sturmangriff wurde, wiewohl die Germanen mit äußerster Entschlossenheit anrannten und die Verteidigung zahlenmäßig recht schwach war, abgeschlagen; es zeige sich auch hier, daß die Germanen zwar in der Feldschlacht schon sehr viel von ihren Bedrückern gelernt hatten, aber im Festungskrieg doch noch zu geringe Erfahrung besaßen; Civilis hatte auch keine Wurf- oder sonstige Belagerungsmaschinen zur Verfügung, während die Lagermauern recht gut bestückt waren. Man versuchte zwar, diesem Mangel abzuhelfen, und Civilis ließ von Überläufern und Gefangenen einige Maschinen bauen, doch konnte man mit diesen rasch zusammengefügten, unförmlichen Ungetümen nichts ausrichten. Um überflüssige Verluste zu vermeiden, stellte Civilis weitere Angriffe ein und begnügte sich mit der bloßen Einschließung. Er wußte, daß nur geringer Proviant in der Festung vorhanden war, und wartete, bis der Hunger ihm seine Gegner ausliefern würde.

Inzwischen versuchte Flaccus, dem bedrohten Lager Entsatz zu schicken. Vocula, Kommandant der Mainzer Legion, wurde mit den besten Truppenabteilungen, über die man noch verfügte, nach Norden beordert. Man rückte bis Novaesium (Neuss) und dann bis Gelduba vor, um von diesem Stützpunkt aus das Gebiet der Cugerner, die sich ja schon seit längerem Civilis angeschlossen hatten, zu verwüsten. Civilis ließ sich aber durch diesen Vorstoß keineswegs aus der Fassung bringen. Seine zahlreiche Mannschaft erlaubte es ihm, an den verschiedensten Stellen den Gegner zu beunruhigen, ohne deshalb die Belagerung von Castra Vetera aufgeben zu müssen. Seine Kolonnen fielen in das Land der Ubier ein, deren Aufgebot im Rücken des römischen Heeres aufgerieben wurde, was das Vertrauen in den Schutz der römischen Herrschaft naturgemäß auf das Schwerste erschütterte. Gleichzeitig gingen Truppen des Civilis ins Keltenland vor, um bei den Menapiern und Morinern und Treverern seinem Freiheitsaufruf entsprechenden Nachdruck zu verleihen. Dem allen mußte die römische Provinzialverwaltung ruhig zusehen und dabei zeigte es sich immer deutlicher, daß es sich nicht um einen Kampf im Innern des Reiches handelte, sondern um einen Krieg gegen die Germanen. Denn als der Großteil der Besatzung von Mainz unter Vocula nach dem Norden abgerückt war, veranlaßte Civilis, dessen strategische Umsicht die Ereignisse dieses ersten Kampfjahres in einem äußerst günstigen Licht erscheinen lassen, die Chatten, Usipeter und Mattiaker zum Angriff auf die Festung. Er wird kaum mit der Einnahme der Festung durch die im Belagerungskriege natürlich völlig ungeschulten germanischen Heerhaufen gerechnet haben, mochte aber erwarten, daß er durch diesen Rückenangriff das Korps des Vocula zum Rückzug und zur endgültigen Preisgabe von Castra Vetera veranlassen könnte, das sich länger, als erwartet, hielt. Auch ein zweiter Sturmangriff, zu dem sich Civilis angesichts des heranrückenden Ersatzheeres entschloß, wurde trotz des Einsatzes einer größeren Anzahl von Belagerungsmaschinen und trotz der keines Verlustes achtenden Kampfeswut der Germanen abgeschlagen. So mußte Civilis sich begnügen, den Belagerungsring noch enger zu schließen.

In eigenartiger und kaum begreiflicher Verkennung der wahren Sachlage glaubte man auf römischer Seite, daß die Nachricht von der entscheidenden Niederlage der Vitellianer dem Kampf des Civilis ein Ende machen würde. Die Truppen wurden, freilich widerwillig genug, auf Vespasian vereidigt und man sandte an Civilis die förmliche Aufforderung, den Kampf einzustellen, da ja nun auch die von ihm bekriegten Legionen den Kaiser anerkannt hätten, für den er zu kämpfen vorgegeben hatte. Erst aus seiner ablehnenden Antwort scheint den römischen Kommandanten am Rhein ihr verhängnisvoller Irrtum klar geworden zu sein. Es stellt diese Tatsache, daß Civilis die römische Provinzialverwaltung mehrere Monate über seine eigentlichen Absichten hatte im Unklaren halten können, seinen diplomatischen Fähigkeiten ein hervorragendes Zeugnis aus, so daß es begreiflich ist, wenn Tacitus ihm weitaus größere Geisteskraft zuerkennt, als man sie bei einem Barbaren, der Civilis trotz des römischen Namens und seines Heeresdienstes für die Römer war, für gewöhnlich finde.

Doch trotz der Klärung der Sachlage überließ Hordeonius und selbst der weitaus tatkräftigere Vocula die Initiative dem Gegner. Ohne den Belagerungsring zu lockern, stellte er aus auserlesenen Truppen ein Korps zusammen, das das Entsatzheer aus dem Felde schlagen sollte. Nach anfänglichen, nicht unbedeutenden Erfolgen erlitt jedoch dieses Korps beim Zusammenstoß mit dem Heer des Vocula infolge der Unachtsamkeit seiner Führer eine empfindliche Niederlage und mußte sich rasch auf Castra Vetera zurückziehen. Jetzt endlich wagte Vocula zum Entsatz an die Festung heranzurücken und es gelang ihm auch tatsächlich, die Belagerer zu vertreiben, da Civilis im entscheidenden Augenblick durch einen unglücklichen Sturz vom Pferde die Gewalt über seine Truppen verloren hatte. Es war zunächst ein ziemlich bedeutender Prestigeverlust für Civilis, während Vocula nichts tat, um den ihm zugefallenen Erfolg auszuwerten. Ja, sobald Civilis seine Mannschaften wieder gesammelt hatte, zog Vocula nach rascher Verstärkung der Lagerbefestigungen mit seinem Heer, dem sich unbegreiflicherweise auch größere Abteilungen der Lagerbesatzung anschlossen, ab, so daß Civilis sehr rasch Castra Vetera zum zweiten Male einschließen konnte; doch Vocula gab dann trotz eines siegreichen Reitergefechtes auch noch Novaesium preis und zog sich eilends auf Mainz zurück, um von hier aus einige recht bedeutungslose Streifzüge in das Gebiet der Chatten und ihrer Helfer bei der Belagerung durchzuführen. So zeigte sich jetzt, daß Civilis mit dem von ihm veranlaßten Angriff auf Mainz doch Recht gehabt hatte. Die Römer waren gerade dadurch in der Auswertung ihrer Offensive gehindert und zum Rückzug gezwungen worden. Die Strategie des Civilis hatte die taktische Schwäche seiner Mannschaft vollkommen ausgleichen können.

Wenn auch Castra Vetera sich noch hielt und wenn man auch Civilis mehrere Schlappen hatte beibringen können, am Ende mußte man auf römischer Seite doch die eigene völlige Schwäche und die Unfähigkeit, sich gegenüber den Aufständischen durchzusetzen, eingestehen; ja man mußte es sogar zulassen, daß Civilis gegen die im allgemeinen noch zu den Römern stehenden Treverer vorging. Der Erfolg des ersten Kriegsjahres war unbedingt auf Seiten des Civilis, der sich, in römischer Schule aufgewachsen, als ein äußerst tatkräftiger, umsichtiger und geschickter Führer erwiesen hatte. Das konnte einen tiefen Eindruck auf schwankende Gemüter nicht verfehlen. Dazu kam noch in den letzten Dezembertagen die Nachricht von dem Tode des Vittelius. Die Legionen am Rhein waren schon zweimal auf Vespasian vereidigt worden, doch die Herzen der Mannschaft gehörten noch immer ihrem einstigen Kommandanten Vittelius und fast „wollten sie lieber einen fremden Herrn als den Vespasian zum Kaiser haben". Vertraute des Civilis waren eifrig am Werk, um die Legionen in dieser Auffassung zu bestärken.

Von großer Bedeutung war für Civilis noch, daß in jenen Tagen in Rom das Capitol in Flammen aufging. Einst hatten die Gallier Rom erobert; doch Jupiters Sitz war unversehrt geblieben, so hatte die römische Herrschaft weiter bestehen können. Jetzt war aber Jupiters Tempel durch Feuer vernichtet. Das sei ein Zeichen des Himmels, daß der Untergang des römischen Reiches und der Tag der Freiheit für die geknechteten Völker nahe. So sangen die Druiden. Auch Civilis wußte abergläubischem Denken Nahrung zu geben. Das letzte Jahr hatte eine ganz ungewöhnliche Dürre gebracht, so daß der Rhein einen derart niedrigen Wasserstand hatte, daß es leicht war, ihn zu durchwaten. So hieß es, daß die Götter selbst den Römern ihre Grenzwehren nähmen. Solche Mahnung der Himmlischen durfte man nicht unbemerkt verstreichen lassen.

Civilis setzte so unter günstigen Auspizien sein Werben um die Gefolgschaft der Gallier fort und stieß bei Julius Classicus, dem Führer der Treverer-Reiterei, auf volles Verständnis. Außer führenden Treverern hatte man auch Lingonen, Ubier und Tungrer gewonnen, als man in Köln zu der ersten größeren gemeinsamen Beratung zusammentrat.

Die Pläne, die man erörterte und auf die man sich sehr bald auch einigte, gingen weit. Ganz Gallien sollte befreit und als ein selbständiges gallisches Reich konstruiert werden, das man durch Besetzung der Alpenpässe verhältnismäßig leicht gegen die zu erwartenden Angriffe aus Italien verteidigen zu können meinte. Um aber von vorneherein auch eine halbwegs brauchbare Wehrmacht zu besitzen, sollten die rheinischen Legionen, die Vespasian ohnedies nicht recht anerkennen wollten, ihrer Offiziere beraubt und dann in die Dienste des neuen Gallierreiches übernommen werden. Auf den ersten Blick mag es auffällig erscheinen, daß Civilis sich so für diese gallischen Pläne einsetzte und daran mitarbeiten wollte, die Legionen diesem gallischen Reiche zuzuführen. Man konnte wirklich meinen, daß es ihm ganz und gar nicht um seinen oder die übrigen germanischen Stämme, sondern einzig um seine persönliche Herrschaft zu tun war, was der römische Historiker Tacitus in die Worte zusammenfaßt: „So war kein Blick auf Gallien und Germanien gerichtet; denn er trachtete für den Fall, daß seine Pläne gelingen sollten, nach der Königsherrschaft über die stärksten und reichsten Völker."

Bei näherem Zusehen jedoch zeigt es sich, daß seine Pläne sich in völlig anderer Richtung bewegten und ihm nichts ferner

Stilicho als römischer Heeresmeister mit seiner Gemahlin Serena
und seinem Sohn Eucherius

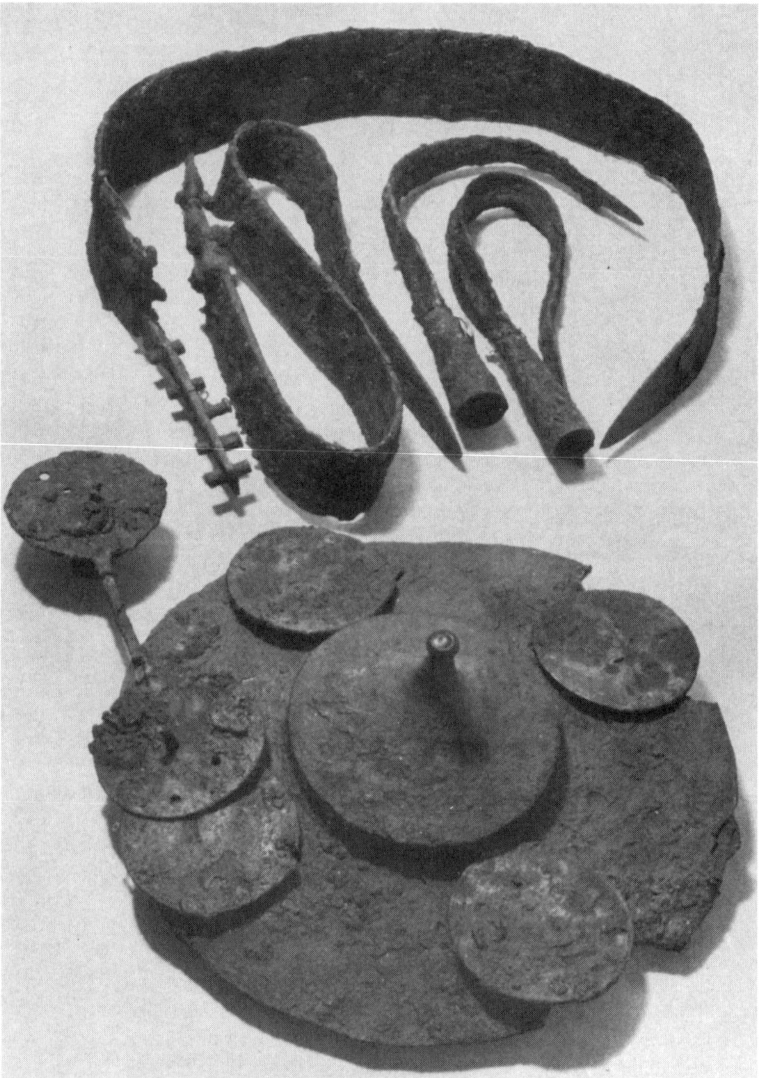

Schildbuckel, zwei verbogene Schwerter und Speerspitzen

gelegen war als die Schaffung eines gallo-germanischen Reiches. Wie seine militärischen Maßnahmen, so verrät auch sein politisches Denken eine kühne strategische Gestaltung. Das gallische Reich sollte ihm gewissermaßen ein Pufferstaat gegenüber Rom sein und sollte ihn auch von den noch in seinem Gebiet vorhandenen römischen Truppen befreien. Eine Bedrohung von seiten des neuen gallischen Reiches brauchte er in keiner Weise zu fürchten, da dessen militärische Kräfte auf lange hinaus im Süden gebunden gewesen wären. So hätte er hinter einem zumindest räumlich sehr bedeutenden Schutzwall vollkommen freie Hand für seine germanischen Pläne gewonnen, die letzten Endes, wenn wir von der beabsichtigten politischen Formung absehen, darin gipfelten, den Rhein dazu zu machen, was er damals schon seit Generationen gemäß den tatsächlichen Siedlungsverhältnissen war: zum deutschen Strom.

Freilich blieben diese Pläne auch Vocula auf die Dauer nicht verborgen; doch mit seinen geschwächten und unzuverlässigen Truppen hätte er dagegen beim besten Willen nichts unternehmen können. Nur Castra Vetera zu retten, wollte er noch einmal versuchen, was allerdings zur Katastrophe führte. Die gallischen Hilfstruppen verließen ihn, die Meuterei unter den eigenen Truppen griff immer mehr um sich und Vocula wurde niedergemacht. Die führerlosen Truppen leisteten den Eid auf das gallische Reich; ihrem Beispiel folgten rasch auch die Besatzung von Köln und jene von Mainz und was sonst noch an oberrheinischen Truppen vorhanden war. Schließlich kapitulierte auch die Besatzung von Castra Vetera gegen freien Abzug. Freilich hielt sich entgegen den Absichten des Civilis die germanische Begleiteskorte nicht an die Abmachungen, sondern schlug aus blindem Haß gegen die Unterdrücker die abrückenden Römer auf freiem Feld nieder. Was da entkam, wollte zurück in das Lager sich retten, fand aber hier in den Flammen den Tod. Die anderen Truppen wurden in Mainz, in Augusta Treverorum (Trier) interniert, nachdem man vorher römische Feldzeichen zerbrochen hatte.

Civilis hatte sein erstes Ziel erreicht; das germanische Land war von der Römerherrschaft frei und kein römischer Soldat stand mehr auf germanischem Boden; die Legionslager, diese verhaßten Zwingburgen, hatte man bis auf Mogontiacum (Mainz) zerstört und dem Erdboden gleich gemacht. Civilis durfte nun das feierliche Opfer, das er seinen Göttern gelobt hatte, im Bewußtsein des Erfolges darbringen. Er ließ sich sein Haupthaar, das er seit Beginn der Erhebung lang hatte wachsen lassen, abscheren. Gleichzeitig wurde auch der weisen Frau, die in einer für uns nicht näher kontrollierbaren Weise hinter der ganzen Bewegung stand und die Vernichtung der Legionen geweissagt hatte, Veleda in herkömmlicher Weise gedacht. Zusammen mit reichen anderen Geschenken wurde der Legionskommandant Lupercus ihr, gewissermaßen als Hauptstück aus der Beute, zugesandt. Daß er von seiner Begleitung auf dem Wege ins Bruktererland ermordet wurde, zeigt wohl, daß Civilis seine Leute nicht ganz in der Hand hatte, beeinträchtigt aber nicht die Tatsache der engen Verbindung, die zwischen führenden Persönlichkeiten beiderseits des Rheins bestand.

Das kam noch deutlicher zum Ausdruck, als die zukünftige Stellung der Ubierhauptstadt Köln festgelegt werden sollte. Als der alte Mittelpunkt der römischen Provinzialverwaltung und reiche Stützpunkt der seit langem äußerst römerfreundlichen Ubier, war die Stadt begreiflicherweise den Freiheitskämpfern ein Dorn im Auge; besonders die benachbarten Tenkterer waren auf die blühende Stadt eifersüchtig. Man einigte sich schließlich, daß Civilis und Veleda ihren Schiedsspruch fällen sollten, wodurch die Führerstellung dieser beiden deutlich gekennzeichnet erscheint. Ihr Spruch lautete dahin, daß die Stadt und ihre Befestigungen erhalten bleiben sollten und nur freier Handelsverkehr den Tenkterern zu bewilligen wäre.

Hier die Gegensätzlichkeiten zwischen den Stämmen auf gütlichem Wege zu lösen, war für Civilis um so notwendiger, als es nach den bisherigen Erfolgen galt, seinen germanischen Bund, von dessen Mitgliedern niemand den Eid auf das gallische Reich leistete, wodurch am klarsten die Scheidung zwischen den beiden Gruppen dargetan wird, zu festigen und auszubauen. Römer hinderten ihn daran freilich nicht, doch war sein persönlicher Feind Claudius Labeo schon seit längerem aus der Haft im Friesenland entkommen und versuchte nun, nachdem seine Bemühungen unter Voculas Kommando vergeblich gewesen waren, auf eigene Faust der Macht des Civilis Abbruch zu tun. An der Spitze der Baetasier, mit Tungrern und Nerviern vereint, wollte er dem Vordringen des Civilis entgegentreten; doch es gelang Civilis während des unentschiedenen Gefechtes, die Tungrer auf seine Seite zu ziehen, so daß sich ihm dann auch die beiden anderen Stämme anschlossen.

Von größter Bedeutung wäre es, wenn wir die Worte, die Tacitus anläßlich dieses Kampfes dem Civilis in den Mund legte, wenigstens ihrem Sinne nach für historisch halten dürften. Mitten in die Reihen der Gegner hineinsprengend, soll er gerufen haben: „Nicht deshalb haben wir den Kampf auf uns genommen, damit Bataver und Treverer ihre Herrschaft aufrichten könnten! Solche Anmaßung liegt uns völlig fern. Schließt auch bloß unserem Bunde an. Ich trete zu euch über, gleichgültig, ob ihr mich lieber als Führer oder als einfachen Kameraden wollt!" Denn daraus würde sich ergeben, was auch sein Verhalten den Ubiern und Tenkterern gegenüber nahelegen würde, daß ihm nicht eine Königsherrschaft über verschiedene Stämme als politisches Ziel vorschwebte, sondern ein nur in militärischer Hinsicht einheitlich organisierter Bund der germanischen Stämme.

Während Civilis hier im Norden erfolgreich wirkte, versagte die Grenzwehr im Süden. Gemäß den Abmachungen von Köln hätten hier die Gallier, gestützt auf die übergegangenen in Trier und Mainz liegenden Legionstruppen, nach Süden vorrücken und zunächst hier die Straße von Vindonissa sperren, dann aber womöglich bis an die Alpenpässe vorgehen sollen. Doch von dem, was die Gallier mit großem Eifer und vielen Worten bei den Besprechungen beredet hatten, geschah nichts. Wohl waren die Treverer und Lingonen im allgemeinen eifrig bei der Sache, aber wenn man gemeint hatte, in kürzester Zeit ganz Gallien zum Aufstand aufrufen zu können, so mußte man sehr bald seinen Irrtum einsehen. Kaum irgendwo war man geneigt, gegen Rom die Waffen zu erheben, ja vielmehr waren die Sequaner, die im Gebiet der Saône und des Doubs saßen, entschlossen, für Rom zu kämpfen. Ob sie in diesem Verhalten durch ihre nachbarlichen Beziehungen zu den Germanen oder ihre besondere Treue zu Rom oder, was am wahrscheinlichsten und auch bei anderen gallischen Stämmen ausschlaggebend war, durch ihre

Eifersüchtelei gegen jeden die Macht erstrebenden anderen gallischen Stamm bestimmt wurden, sei dahingestellt; jedenfalls war ihr Verhalten und ihr Sieg über ein lingonisches Aufgebot entscheidend. Denn dadurch war es den Treverern, in der Flanke eben von den Sequanern bedroht, benommen, auch nur im Rheintal südwärts vorzugehen, geschweige denn gar die Alpenpässe an der helvetischen Grenze zu besetzen.

Dieser maßgeblichen Entwicklung auf dem südlichen Kriegsschauplatz hat Civilis offenbar zu geringe Beachtung geschenkt; so konnte von Vindonissa (Windisch) her die römische Armee vorbrechen und die ihr entgegentretenden Treveraufgebote, welche durch Rheingermanen rasch verstärkt worden waren, nach anfänglichen Mißerfolgen werfen. So schnell als möglich rückte man gegen Mainz vor, wo die internierten Legionen reumütig den römischen Truppen sich anschlossen, wandte sich von hier nach Westen und marschierte, durch die Treverer, die unbeirrt am Kampf gegen Rom festhalten wollten, zwar behindert, aber kaum aufgehalten, bald in Trier ein, wo die restlichen abtrünnigen Truppen mit äußerster Milde aufgenommen wurden.

Angesichts dieser Wendung der Dinge mußte sich Civilis dazu entschließen, seine Tätigkeit im Norden abzubrechen und nach dem Süden zu rücken, wo er sich vor Trier mit dem restlichen gallischen Aufgebot vereinigen konnte. Er wollte aber die Entscheidungsschlacht noch hinausschieben und die Ankunft der rechtsrheinischen Verstärkungen abwarten. Doch die gallischen Führer waren gegen jedes Zuwarten, weil auch die Römer in nächster Zeit noch Verstärkungen erhalten würden. Aus Italien und aus Spanien war je eine Legion im Anmarsch und die britannische Legion war bereits an der gallischen Küste gelandet. Man müsse den Feind schlagen, bevor sich alle diese Kolonnen vereinigt hätten. So gab Civilis nach und gab den Befehl zum Sturm auf das römische Lager. Der in drei Kolonnen durchgeführte konzentrische Angriff hatte vollen Erfolg; man überrannte die Befestigungen und kämpfte bereits innerhalb des Walles gegen die sich immer mehr auflösenden Einheiten der Römer. Schon schien der Tag gewonnen, da gelang es wirklich im letzten Augenblick dem römischen Oberkommandierenden

Cerialis durch Einsatz seiner eigenen Persönlichkeit die noch halbwegs intakte Windischer Legion zu einem kraftvollen Gegenangriff zu bringen. Dieser Überraschung waren die gallisch-germanischen Truppen nicht gewachsen, ihr Rückzug wandelte sich in Flucht und Cerialis konnte noch am selben Abend ihr Lager einnehmen und zerstören.

Mit dieser Niederlage war das Schicksal der Bewegung eigentlich schon besiegelt. Die Ubier lieferten Gattin und Schwester des Civilis, die als Geiseln für den Vertrag mit den Tenkterern in Köln geblieben waren, an die Römer aus und vernichteten hinterlistig eine der besten Kohorten des Civilis, die in ihrem Gebiet lagerte. Wir wissen nicht, wie Civilis diese Schicksalsschläge aufgenommen hat. Es mag ihm ein Trost gewesen sein, daß in der gleichen Zeit die Canninefaten der britannischen Flotte eine empfindliche Niederlage beibrachten und im Gebiet der Nervier so mancher Teilerfolg errungen werden konnte. Doch weder dies noch, daß die als Vorhut vorausgesandte Reiterei des Cerialis eine gründliche Schlappe erlitt, konnte den Vormarsch der Römer aufhalten. Civilis ging nach Castra Vetera zurück, wo er auch Verstärkungen von den rechtsrheinischen Germanenstämmen an sich zog und das Inundationsgebiet des Rheins durch Anlage eines Staudammes vergrößerte, um den mit den örtlichen Verhältnissen nicht vertrauten Römern jede Bewegung zu erschweren. Und am ersten Tag des Zusammenstoßes hatte er auch entschiedenen Erfolg, die Römer konnten ihre Kräfte in dem trügerischen Terrain nicht entwickeln; doch dank des Verrates eines Batavers konnten die Römer am zweiten Tag ihre Reiterei in den Rücken der feindlichen Stellung bringen und damit den Sieg erringen, den sie allerdings nicht auszunutzen vermochten.

Doch auch jetzt gab Civilis den Widerstand noch nicht auf; er konnte alle bewegliche Habe mit sich nehmen und alle Schiffe auch, brach die Brücken hinter sich ab und zog sich hinter den Rhein auf die eigentliche Bataverinsel zurück. Er verfügte noch immer über einen sehr bedeutenden Anhang und nicht minder bedeutende Kräfte. So konnte er zu gleicher Zeit die Römer an vier verschiedenen Stellen energisch angreifen und da und dort manchen Teilerfolg erzielen; selbst ein Überfall auf die neue römische Rheinflotte war von Erfolg begleitet; man kaperte mehrere Fahrzeuge, darunter auch das freilich von seinem Kommandanten verlassene Admiralsschiff. Dieses wurde als Geschenk der Veleda übersandt, woraus sich ergibt, was auch die Anwesenheit rechtsrheinischer Germanen im Lager des Civilis bestätigt, daß der Kampfbund zwischen den Germanenstämmen im Wesentlichen noch immer bestand.

Es fehlte aber den Aktionen, so wenig wir auch im einzelnen wissen, die entsprechende Schwungkraft. Lähmte den batavischen Fürsten vielleicht die Sorge um seine Angehörigen, die in der Gewalt der Römer waren? Wir wissen es nicht. Der Herbst war ins Land gekommen, das die eigenen und gegnerischen Truppen vollkommen verwüstet hatten. Den Winter hier durchzuhalten, mußte wenig aussichtsreich erscheinen. Vielleicht war es besser, jetzt mit den Römern über eine Beilegung des Konfliktes zu verhandeln, solange man noch über Mannschaften verfügte, die dem Gegner immerhin unangenehm werden konnten, als zu warten, bis auch diese im aufreibenden Kleinkrieg, durch Hunger und Wetter zermürbt, ihre Durchschlagskraft völlig eingebüßt hatten.

Ebenso fühlte man auf römischer Seite, daß eine Fortführung des Kampfes keine sichere Gewähr auf den Enderfolg biete. Wohl hatte man den Scharen des Civilis empfindliche Verluste beibringen können und sie in ihr eigenes Stammland zurückzudrängen vermocht, das man arg verwüstet hatte. Man war aber trotz allem nicht imstande, die Besetzung des Landes während des Winters aufrecht zu erhalten, sondern würde die Truppen in die Winterlager am Rhein zurücknehmen müssen. Dabei war die Widerstandskraft des Gegners noch keineswegs gebrochen. Selbst von den gallischen Treverern, deren Land man doch fest in Händen hatte, befanden sich nicht weniger als 113 Edelleute im Lager des Civilis. Zudem bestand die Verbindung zwischen Civilis und den rechtsrheinischen Germanen noch immer fort und Veleda schien entschlossen, ihren ganzen, sehr bedeutenden Einfluß auch weiterhin in dieser Richtung geltend zu machen. Dann mußte man aber befürchten, daß man im kommenden Frühjahr nicht bloß im batavischen Land zu kämpfen hätte, wo die Terrainschwierigkeiten kaum zu meistern waren, son-

Silberkelch von Himlingöje
mit germanischen Tier- und Menschendarstellngen

Obere Hälfte einer Prunkfibel von Galsted, Jütland

dern auch, wie schon einmal, einem germanischen Angriff bei Mainz oder an einer anderen Stelle des Rheins ausgesetzt sein würde. Ob man jedoch einem solchen Doppelangriff zumal bei der Unzuverlässigkeit der Treverer und Lingonen ohne weiteres gewachsen sein würden, ließ sich nicht mit Bestimmtheit sagen. Es schien demnach empfehlenswerter, eine Verständigung anzubahnen.

Tatsächlich gelang des dem Verhandlungsgeschick des Cerialis, mit Civilis sowohl wie mit Veleda zu einem vom römischen Standpunkt aus reichlich billigen Einvernehmen zu gelangen. Civilis und seine Leute stellten den Kampf unter der Bedingung ein, daß Rom den früheren Zustand anerkannte; sie stellten weiterhin ihre Mannschaft zur Verfügung, wobei man sich römischerseits sogar zu einer Herabsetzung des Kontingents verstand, und blieben auch weiterhin von jeglichen ordentlichen oder außerordentlichen Abgaben frei, so daß ihr Verhältnis zum Imperium nach wie vor ein ziemlich selbständiges war. Gegenüber den rechtsrheinischen Stämmen mußte man sich überhaupt damit begnügen, daß sie gutwillig von weiterem Kampfe Abstand nahmen und den Mattiakern, welche gegenüber von Mainz saßen und schon lange unter römischer Herrschaft gestanden hatten, mußte man die gleichen Bedingungen wie den Batavern gewähren.

Schon im Hinblick darauf muß man sich hüten, dem Aufstand des Civilis jede Bedeutung oder jeden Erfolg abzusprechen oder ihn gar ob seiner schließlichen Verständigung der Schwäche oder Feigheit zeihen zu wollen. Gewiß fehlt dem Bilde des Civilis, soweit wir es kennen, die nach der landläufigen Auffassung vom Freiheitshelden notwendige Abrundung durch den Tod im Kampf. Ist aber nur das Sterben eine Heldentat? Und kann nicht das Leben unter Umständen eine weitaus größere sein? Sollen wir glauben, daß der Mann, der durch ein Vierteljahrhundert hindurch auf den verschiedensten Schlachtfeldern an der Spitze seiner Leute dem Tod immer wieder ins Auge geblickt hatte, aus Angst um sein eigenes Leben den Vergleich mit Rom geschlossen hat?

War es nicht vielmehr eine größere Leistung, sein Volk von dem aussichtslos gewordenen Kampfe abzuhalten und sich selbst, der über reiche Erfahrungen verfügte und den Römern lebend immerdar eine gefährliche Drohung sein mußte, seinem Volke zu erhalten? Viele mochten dieses Verhalten nicht verstanden und ihn darob heimlich oder auch offen gescholten haben. Er trug es und nahm das Opfer des Lebens auf sich, wie er seinerzeit die Gefahr des Kampfes auf sich genommen hatte, im Dienste seiner Germanen. Solange die Aussicht bestand, ganz Gallien auch mitzureißen, solange hatte der Kampf gegen die Weltmacht Sinn; als aber Gallien versagt hatte, mußte jeder Einsichtige, der wie Civilis das römische Militär und die römische Politik und die nahezu unerschöpflichen Hilfsquellen des römischen Reiches kannte, sich sagen, daß auch eine Mehrheit germanischer Stämme weder militärisch noch politisch imstande wäre, die römische Herrschaft zu brechen. In diesem Augenblick war es ein Gebot der Vernunft, mit Rom einen Vergleich herbeizuführen, der den größtmöglichen Grad der Freiheit und der selbständigen Entwicklung seinem Volke gewährleistete, anstatt den Kampf bis zum Untergang fortzusetzen. So hat sich Civilis, der im Krieg Zeugnis von seinen hervorragenden Fähigkeiten abgelegt hatte, im Frieden als ein Mann bewährt, der persönliche Wünsche und Ziele der Einsicht in die wahren politischen Kräfte unterzuordnen verstand. Und Rom hat trotz des Scheinerfolges zugeben müssen, daß ein Vorschieben seiner Machtgrenze unmöglich war, daß es sich vielmehr mit einer mühsamen Defensive begnügen müsse gegenüber den immer kraftvoller betonten Ansprüchen der deutschen Stämme.

ZWEITER TEIL

Arbogastes

Ein gewaltiges Heer, vielleicht 40 000 Mann, hatte Kaiser Valens bei Adrianopel am 9. August 378 in die Schlacht geführt, um dem Ansturm der Goten gegen die Balkaninsel Einhalt zu gebieten. Doch nur Trümmer retteten sich aus dem mörderischen Kampf; der Kaiser, seine Generäle und zwei Drittel des Heeres kehrten nicht zurück, das Ostreich wenigstens schien verloren. In dieser Not berief Gratian, der Kaiser des Westreiches, den Spanier Theodosius zur Mitarbeit und erhob ihn, der des Reiches Retter aus tiefster Bedrängnis wurde, schon Anfang 379 zum Kaiser des Ostens. Es gelang ihm auch, die Gotengefahr zu bannen, wobei er nach dem Untergang der oströmischen Armee auf Hilfstruppen aus dem Westen angewiesen war.

So ging auch 381 wieder aus Gallien ein Hilfsheer nach dem Osten, von Bauto befehligt, in dessen Gefolge sich auch der Franke Arbogast befand. Der war aus seiner rechtsrheinischen Heimat vertrieben worden, da vermutlich sein Herrschaftsdrang dort nicht die entsprechende Betätigung finden konnte, und war dann in römische Dienste getreten, wo er sich an seinen Landsmann Bauto, der schon die höchsten Stufen der militärischen Laufbahn erklommen hatte, aufs engste anschloß. Für Jahre fehlt dann jede Nachricht über ihn, doch wird man vermuten dürfen, daß er an der Seite Bautos blieb und mit diesem vom Osten dann an den Mailänder Hof Valentinians II. ging und hier ebenso die Regierungsgeschäfte des Westreiches gründlich kennenlernte, wie er offenbar auch das volle Vertrauen der Soldaten gewinnen konnte. Denn als Bauto starb, wählte ihn das Heer zum Befehlshaber. Besondere Dienste leistete er der Regierung, als es im Jahre 388 zum Kampf gegen den gallischen Usurpator Maximus kam, der bereits Italien besetzt hatte und die Herrschaft Valentinians zu zertrümmern drohte. Während Theodosius in Italien die Herrschaft des Maximus endgültig beseitigte, war es Arbogast, der nach Gallien vorgestoßen war und hier des Maximus bereits zum Kaiser erhobenen Sohn überwand und tötete, so daß der die Einheit des Reiches gefährdenden Insurrektion auch der letzte Rückhalt genommen war.

Nicht zuletzt wird dieses umsichtige und energische Vorgehen Theodosius bestimmt haben, zum Berater des wieder in seine Herrschaft eingesetzten, damals zwanzigjährigen Valentinian den Franken Arbogast zu bestellen, der es verstand, sich selbst sehr bald zum eigentlichen Leiter der Regierungsgeschäfte zu machen. Mochte auch der junge Kaiser sich diesen Bestrebungen seines Feldherrn widersetzen, der Franke erwies sich als der Stärkere und Valentinian konnte es um so weniger auf einen Bruch ankommen lassen, als die Lage an der Rheingrenze äußerst bedenklich war. Die ripuarischen Franken waren über den Rhein gegangen, erst bei Tournay hatte man sie aufhalten können; doch schlugen die Versuche, sie wieder zurückzudrängen und zur Anerkennung der Rheingrenze zu zwingen, alle fehl. Als aber nun Arbogast im Jahre 389 die Leitung der Operationen übernahm, wobei vielleicht der Haß gegen einstige Widersacher in der Heimat seine Kräfte besonders gesteigert haben mag, gelang es ihm binnen kurzem, die Reichsfeinde zur Ruhe und zum Friedensschluß zu zwingen. Es konnte nicht ausbleiben, daß diese Erfolge sein Ansehen bei den Truppen, die in den letzten Kämpfen nur Mißerfolge erlitten hatten, besonders steigerte; in kluger Berechnung hatte er den Kaiser von jeder Teilnahme an den Kämpfen fernzuhalten gewußt, so daß ihm allein das Verdienst des Erfolges zufiel.

Zielbewußt schritt er an den Ausbau seiner Stellung. Alle höheren Offiziersstellen besetzte er mit Landsleuten, so daß das Heer in kürzester Frist ihm unbedingt ergeben war. Darauf gestützt, konnte er auch auf die Zivilverwaltung einen entsprechenden Druck ausüben, so daß sehr bald nur mehr sein Befehl in Gallien galt und niemand des Kaisers Valentinian achtete. Schon griff Arbogast über die Grenzen Galliens hinaus.

Er war, wie die meisten seiner in römischen Diensten stehenden Landsleute, Heide. So war es nur selbstverständlich, daß die

Pfahlbaudorf

Im altgermanischen Heim

heidnische Senatspartei, welche sich durch die christliche Politik der kaiserlichen Regierung, vor allem des Theodosius, bedroht fühlte, in Arbogast ihren natürlichen Verbündeten sah. Mit seiner Hilfe hoffte man daher in Rom, die in den letzten Jahren wiederholt erhobene Forderung nach Wiederherstellung des alten Kultes durchzusetzen. Es wurde daher eine Gesandtschaft nach Gallien abgeordnet, welche dem Kaiser diese Bitte vortrug. Arbogast und auch andere unter seinem Einfluß stehende Mitglieder des kaiserlichen Konsistoriums setzten sich energisch für die Gewährung der Bitte ein, doch der Kaiser blieb fest und wies die Gesandtschaft ab. Arbogast war unterlegen, aber er war nicht der Mann, deshalb den Kampf für seine Idee aufzugeben.

Wenn aber Valentinian sich hier seinem herrschsüchtigen Ratgeber entschieden widersetzt hatte, so mochte ihn dabei vor allem die Hoffnung bestimmt haben, durch eine unbedingt heidenfeindliche Politik am ehesten aktive Hilfe von Seiten des Machthabers im Osten, von Theodosius zu erreichen. Aber all seine Hilfegesuche blieben ungehört. Da schien eine andere Gelegenheit sich für Valentinian zu ergeben, um sich endlich aus Gallien und der beengenden Nähe Arbogasts entfernen zu können. In Pannonien waren neue Barbarenhorden eingefallen und drangen plündernd bis Italien vor. Sie zu bekämpfen und eigenen Kriegsruhm endlich zu erringen, wollte Valentinian nach Italien eilen. Arbogast sah sehr wohl die Gefahr, die seiner Stellung daraus erwachsen könnte, und – verbot dem Kaiser die Reise. Sie war ja auch überflüssig geworden, da die Barbaren auf die bloße Kriegsdrohung der kaiserlichen Regierung zu Friedensschluß und Genugtuung sich bereit erklärt hatten. Doch Valentinian wollte den Plan, der allein ihm Rettung vor dem heidnischen Barbaren zu bringen schien, nicht aufgeben und bestand auf seiner Reise. Es kam zu den heftigsten Auseinandersetzungen im Konsistorium, da keiner der beiden Gegner nachgeben wollte; wußten sie doch beide nur zu gut, daß es letzten Endes ein Kampf um Leben und Tod war. Als daher ein Freund und Anhänger Valentinians besonders kühn den Absichten Arbogasts widersprach und die Stimmung gegen den Franken umzuschlagen drohte, scheute dieser nicht davor zurück, seinen

Widersacher niederzustechen, obwohl er unter dem Purpurmantel seines Kaisers Schutz suchte. Das Blut, das den Kaisermantel befleckte, machte eine Versöhnung, ja auch nur einen Ausgleich zwischen dem Kaiser und seinem Feldherrn unmöglich. Und es läßt den Kaiser jeder tieferen Erkenntnis bar erscheinen, wenn er meinte, seinen Gegner, den die Kraft ungebändigter Natur zu seiner Stellung emporgetragen, mit den gewöhnlichen Mitteln einer schwächlichen kaiserlichen Kanzlei überwinden zu können. Er ließ das Entlassungsdekret ausfertigen und überreichte es vor versammeltem Hof dem Minister. Was jeder hätte erwarten müssen und nur einen Valentinian überraschen konnte, trat ein: Arbogast nahm das Schriftstück, las es und riß es in Fetzen, die er dem Kaiser vor die Füße warf. „Du hast ... mir das Amt nicht gegeben und du kannst mir es nimmer nehmen", waren die Worte des seiner Macht sich wohl bewußten Germanen. Wutentbrannt wollte der kaiserliche Jüngling einem Leibwächter das Schwert entreißen, doch der ließ seine Waffe sich nicht nehmen. Der Kaiser hatte das Spiel verloren. Wenige Tage nachher, es war am 15. Mai 392, fand man ihn erhängt in seinem Gemach. Er hatte selbst seinem Leben ein Ende gemacht.

Arbogast, der Heide, der Franke, der noch seinen heimischen Namen trug, war alleiniger Herr. Niemand wagte, gegen ihn die Hand zu erheben; alles füge sich willig seinen Wünschen und Befehlen. Niemand hätte ihn daran hindern können, wenn er nun selbst nach dem Purpur gegriffen und sich von seinen Truppen zum Kaiser hätte ausrufen lassen. Doch der Mann, für den der Kaiser nur ein Spielzeug gewesen, – er tat es nicht. Er konnte es auch nicht tun, wiewohl alle materielle Macht in seiner Hand vereinigt war. Doch auch er mußte dem Zeitgeist, der nicht mit Berechnungen erfaßbar und der oft stärker als alle Machtmittel ist, sich fügen. So morsch damals auch das Imperium Romanum, das Weltreich der Römer, schon sein und so wenig wahre römische Kraft ihm innewohnen mochte, die Idee, die, von Rom ausstrahlend, dieses Reich in blutigen Kriegen geschaffen und es durch furchtbare Fährnisse hindurch erhalten hatte, war noch lebendig. Sie ließ es noch undenkbar erscheinen, daß ein germanischer Barbare, der erst vor wenigen Lustren überhaupt römischen Reichsboden betreten und noch nicht einmal seinen fränkischen Namen mit einem römischen vertauscht hatte, die Würde des göttlichen Augustus sich beilegte. Dagegen hätten sich Christen und Heiden, Senatoren und Bischöfe und Kolonen in gleicher Weise aufgelehnt und den Wagemutigen in den Abgrund gestürzt. Die Macht durfte er haben, aber nicht den Namen und nicht die Insignien. Das fühlte und wußte auch Arbogast und handelte danach.

Er wollte mit der Macht sich begnügen und wäre sicher bereit gewesen, etwa als eine Art Generalstatthalter des Theodosius die Herrschaft im Westen zu führen. Doch er war Heide und Theodosius betätigte sich immer eifriger als Vertreter und Vorkämpfer orthodoxen Christentums. Da schien eine Verständigung auf die Dauer ausgeschlossen. Aber Arbogast war als Heide nicht allein; gerade im Westen des Reiches bildeten die Anhänger der alten Kulte noch eine bedeutende Gruppe, die keineswegs dem Theodosius und seinen christlichen Hetzern ausgeliefert sein wollte. So konnte Arbogast auf vielfache Zustimmung rechnen, wenn er dem Westen einen eigenen Kaiser gab. Und er ließ etwa drei Monate nach Valentinians Tod, nachdem er die Aussichtslosigkeit einer Verständigung mit Theodosius und dem legitimen Kaisertum eingesehen hatte, von seinen ihm blind ergebenen Truppen Flavius Eugenius, einen ehemaligen Professor der lateinischen Redekunst und damaligen Vorsteher einer der Hofkanzleien, zum Kaiser ausrufen.

Es war nicht von ungefähr, daß seine Wahl gerade auf diesen Mann fiel. Denn daß dieser vom Waffenhandwerk nichts verstand und keinerlei Beziehungen zum Heer hatte, war für Arbogast nur empfehlend, der so das unbestrittene Verfügungsrecht über das Heer, die Stütze seiner Macht, behielt. Außerdem war Eugenius zwar Christ, neigte aber innerlich stark dem Heidentume zu, so daß man von ihm einerseits eine ausgleichende Haltung gegenüber den zwiespältigen konfessionellen Verhältnissen im Westreich erwarten durfte, andererseits aber auch auf seine Anerkennung durch die oströmische Regierung rechnen konnte. Freilich in dieser Hoffnung sah sich Arbogast bald enttäuscht. Ambrosius, der streitbare und unbeugsame Bischof von Mailand, lehnte jede Beziehung zu dem neuen Kaiser ab und ebenso ablehnend verhielt sich nach anfänglichem Schwanken auch Theodosius. Die Antwort darauf war, daß dem römischen Senat seine alte Forderung nach Zulassung des heidnischen Kultes im Senatssitzungssaal bewilligt wurde. Dadurch hatte man die unbedingte Anhängerschaft der heidnischen Kreise bei einer möglichen Auseinandersetzung mit dem Osten gewonnen.

Gleichzeitig trug Arbogast für eine restlose Sicherung der Rheingrenze Sorge, um während des bevorstehenden Kampfes mit dem Osten nicht im Rücken durch Überraschungen behindert zu werden. Neue Verträge wurden mit Franken und Alamannen geschlossen, durch die auch noch bedeutende Verstärkungen für das Heer des Arbogasts und Eugenius gewonnen wurden, das nun im Frühjahr 393 nach Italien einrückte. Mailand wurde besetzt, von wo Ambrosius geflüchtet und wo der Präfekt von Italien Flavianus dem neuen Kaiser und seinem Feldherrn sich anschloß. Dadurch gewann die Bewegung eine besondere Note.

Wir dürfen nicht übersehen: Aus dem Streben nach unbedingter Herrschaft hatte Arbogast Valentinian bekämpft und schließlich in den Tod getrieben. Die gewonnene Macht sich zu erhalten, hatte ihn zur Ausrufung eines neuen Kaisers bestimmt; doch sollte diesem nur der Westen des Reiches, der ihm als dem „Nachfolger" Valentinians zukam, zugehören. Ein Übergreifen nach dem Osten, ein Angriffskrieg gegen Theodosius lag nicht im Sinne Arbogasts und daher auch nicht in den Plänen des Eugenius. Und wenn man in Mailand einrückte und den römischen Senat betreffende Verordnungen traf und Italien in den Herrschaftsbereich einbezog, so bewegte man sich immer noch in dem Gebiete des Westreiches. Gewiß mußte ein solches Vorgehen Theodosius, der im geheimen, wenn auch ohne jeden Rechtsgrund, Italien bereits seinem Reichsteil zugeschlagen hatte, verstimmen, aber es mußte daraus nicht notwendig ein Krieg erwachsen. Valentinian hatte durch Selbstmord geendet, so daß niemand für seinen Tod verantwortlich gemacht werden konnte, Theodosius also keineswegs als rächender Richter auftreten mußte. Es wäre also eine Verständigung nicht unmöglich gewesen und Arbogast hat auch allerlei getan, um wenigstens nicht den Weg zu einem solchen Ausgleich zu verbauen. Denn ihm war es nicht um diese oder jene Idee des Imperiums zu tun, sondern ihm galt einzig und allein die Macht, die er aus eigener Kraft sich errungen hatte, als das erstrebenswerte Ziel, das durch eine räumliche Begrenzung für ihn keine wesentliche Beeinträchtigung erfuhr. Für ihn hätte daher die bloße Machtausübung im westlichen Reichsteil die Erfüllung seiner Wünsche bedeutet.

Doch wie er trotz seines gewaltigen Aufstiegs seiner Zeit darin den Tribut hatte zollen müssen, daß er wohl die Macht, nicht aber ihre äußeren Abzeichen besitzen durfte, daß er wohl Herrscher, nicht aber Kaiser sein konnte, ebensowenig konnte er sich den religiösen Gegensätzen seiner Zeit entziehen, die seinem Kampfe schließlich einen Inhalt einflößten, der seinem eigentlichen, urwüchsigen Planen gar nicht entsprach.

Bedeutete schon die Bewilligung des Senatsansuchens eine entschiedene Begünstigung des Heidentums, so schritt man auf dieser Bahn weiter, als der Präfekt von Italien Flavianus sich dem Kaiser des Arbogast zur Verfügung stellte. Dieser, ein sonst fein gebildeter Mann, hatte eifriges Studium auch den Wahrsagekünsten, die trotz aller Verbote bei Heiden und auch bei Christen hoch in Geltung standen, zugewandt. Und ihm gelang es auch festzustellen, daß nach dem ewigen Ratschluß der alten Götter dem Eugenius Sieg und Herrschaft beschieden sei. Das mutete um so glaubwürdiger an, als auch ein griechischer Orakelspruch damals verbreitet war, demzufolge das Christentum nur soviel Jahre bestehen würde, als ein Jahr Tage umschließe. Da man die Kreuzigung Christi in das Jahr 29 verlegte, so wäre diese Frist von 365 Jahren im Jahre 394 abgelaufen, so daß also für das kommende Jahr die Wiedergeburt des heidnischen Kultes zu erwarten stand. Das war für Eugenius, der ohnedies dem Heidentum zuneigte, Grund genug, sich immer offener den Heiden anzuschliessen, deren wichtige politische Unterstützung auch Arbogast nicht missen wollte. Und so erlebte unter der Herrschaft des Franken – denn Eugenius war ja doch nur die vorgeschobene Figur –, dem die römischen Götter nicht weniger gleichgültig und fremd waren als der Gott der Christen, der alte heidnische Kult eine letzte Auferstehung: all die orientalischen und griechischen und römischen Kulte, die in der Weltstadt ein Heim gefunden hatten, traten wieder hervor und man feierte ihre Feste; geraubtes oder entfremdetes Tempelgut mußte wieder zurückgegeben werden und Gebäude, in denen Baumaterial alter Tempel vermauert war, riß man nieder, um Säulentrommeln und Mauerquadern vor solcher Entweihung zu bewahren. Man war plötzlich in einen fanatischen Taumel verfallen und es schien, als ob jetzt nach Jahren die Bemühungen Julians zum Durchbruch gelangen und die Welt wieder heidnisch machen würden. Es blieb nicht aus, daß auch Christen von ihrem Glauben abfielen, wiewohl die Regierung jede persönliche Gewaltanwendung unterließ. Aber man fühlte sich dennoch durch die offiziellen Bestrebungen beeinflußt und gab um so eher nach, als aus den Reihen dieser heidnischen Apostel der Ruf nach baldiger restloser und dann auch schonungsloser Unterdrückung des Christentums immer öfter und immer lauter erhoben wurde. Denn wie so oft trat auch hier eine Vermengung der religiösen mit den politischen Spannungen und Gegensätzlichkeiten ein. Wer nicht für die heidnischen Bestrebungen eintrat, galt gar bald als Anhänger und heimlicher Förderer der christlich eingestellten Regierung Ostroms. Und so wurde das Heidentum bald zum Programm der neuen Regierung.

Das aber mußte über kurz oder lang zum offenen Bruch mit Theodosius führen. Denn wenn auch Arbogast weit davon entfernt war, einen Religionskrieg zu führen, so lagen die Dinge für Theodosius grundlegend anders. In seiner strengen Gläubigkeit war es für ihn unerträglich, daß im Westteil des Reiches das Heidentum gewissermaßen zur Staatsreligion erhoben wurde. Aus eigenem Wollen heraus und unter dem Drängen seiner Umgebung mußte er sich endlich zum Kampf entschließen. Leicht wird ihm der Entschluß nicht gefallen sein, wiewohl auch ihm von christlicher Seite die verläßlichsten Weissagungen für einen erfolgreichen Ausgang des Kampfes zur Verfügung gestellt wurden. Denn er wußte nur zu gut, welch hervorragender Feldherr ihm in Arbogast gegenüberstand, und er wußte auch, um wieviel die Truppen des Westreiches an Kampfeswert seinen eigenen überlegen waren. Denn wenn er auch alles, was im Ostreich das Waffenhandwerk verstand, in Marsch setzte, unbekümmert darum, daß alle Grenzen des Reiches des so notwendi-

Die Hermannschlacht

Die Römer überschreiten auf einer Pfahlbrücke zwischen Andernach und Koblenz den Rhein

gen Schutzes beraubt wurden, so kamen wohl bewaffnete Haufen zusammen, aber keine Truppen, die sich mit den gallischen und fränkischen und alamannischen Kriegern des Arbogast wirklich messen konnten. Ein Glück war es, daß er wenigstens die Goten hatte, die unter Alarich ihm 20 000 Mann stellten. Da traf ihn ein neuer schwerer Schlag. Als sich die Truppen bereits nach dem Westen in Bewegung setzten, starb seine geliebte Frau, die schöne Galla. War das nicht ein Fingerzeig Gottes? Neue Zweifel quälten den großen Kaiser und es bedurfte des ganzen Einflusses seiner Umgebung, um ihn von der Rücknahme des Marschbefehls abzuhalten.

Inzwischen hatte auch Arbogast seine zahlenmäßig freilich viel schwächere Armee an den Fuß der julischen Alpenpässe vorgeschoben. Ein Herkulesbild war den Truppen vorangetragen worden, so recht ein Sinnbild unbändiger Kraft, die diese Krieger beseelte und für ihren Führer begeisterte. Und über dem Lager, das man im Tal der Wippach aufgeschlagen hatte, errichtete man auf beherrschender Höhe eine Kolossalstatue des Jupiter, die ihre vergoldeten Donnerkeile auf den nahenden Feind vernichtend zu schleudern schien.

Arbogast hatte seine Stellung sorgsam ausgewählt. Er verzichtete darauf, in der üblichen Weise einfach den Paß zu besetzen und so dem Feind den Vormarsch zu verlegen. Vielmehr ließ er das Gros seines Heeres derart am Talausgang Aufstellung nehmen, daß der Gegner wohl in die Ebene herabsteigen, hier aber seine Kräfte nicht geschlossen entwickeln konnte. Gleichzeitig hatte er freilich vom Paß eine Abteilung Aufstellung nehmen lassen, die jedem Feind, sobald er abgestiegen war, den Rückzug versperren sollte. Da Theodosius auf eine andere Straße nicht mehr ausweichen konnte, mußte er den Kampf um den Talausgang trotz der Ungunst der Verhältnisse aufnehmen. Es waren seine besten barbarischen Truppen, welche er an die Spitze des Zuges gesetzt hatte. Aber eine Abteilung nach der anderen erlag den Geschossen der Feinde, so daß man schon über Verrat murrte. An die 10 000 Mann waren bereits gefallen und man hatte nichts erreicht. Wohl war Arbogasts Plan nicht voll geglückt, da der Führer der Paßtruppe Verrat übte und zu Theodosius überging, aber trotzdem war die Lage des oströmischen

Heeres verzweifelt. Denn es konnte nicht vor, konnte wohl wieder über den Paß zurück, setzte sich dann aber einem wahrscheinlich vernichtenden Nachstoß von Arbogasts Truppen aus, ganz abgesehen davon, daß ein Rückzug in diesem Fall einer Niederlage gleichbedeutend war. Das wußte man auch in Arbogasts Lager und gab sich schon Siegesfreuden hin; Eugenius ließ Belohnungen verteilen und die wilden Krieger ließen eifrig das Horn kreisen. Das nützte Theodosius und führte in der Nacht den Großteil seiner Truppen aus den Engen heraus. In aller Früh ließ er einen Angriff auf das feindliche Lager ausführen und es gelang auch, die hölzernen Befestigungen in Brand zu stecken. Die Verwirrung war ungeheuer, aber Arbogast hatte seine Leute in der Hand; binnen kürzester Frist hatte er seine Krieger in Schlachtordnung aufgestellt und ließ sie ihrerseits zum Angriff auf das Heer des Theodosius vorgehen.

Da trat etwas völlig Unerwartetes ein. Ein Sturm brach los, die Bora, wie sie in diesen Gegenden nichts Seltenes ist; den Staub wirbelte sie den stürmenden Truppen Arbogasts ins Gesicht, so daß sie nicht das Ziel trafen, und in ihren Schilden verfing sie sich und warf sie nieder, so daß sie schutzlos dem Feinde preisgegeben waren. Dieser plötzlich aufspringende Wind ist den Anwohnern jener Gegend nicht Unbekanntes, aber die Truppen Arbogasts stammten in der Hauptsache aus Gallien und Germanien und wußten von solcher Naturerscheinung nichts. Die Gemüter waren zudem aufs äußerste erregt, war doch auf beiden Seiten die Vorstellung wachgerufen worden, daß es sich um den Kampf zwischen dem Christengott und den Heidengöttern handle. Und knapp vor dem Losbrechen des Sturmes hatte man Theodosius auf einer nahen Höhe sich zum Gebet niederwerfen sehen. Kein Wunder, daß alles an ein persönliches Eingreifen des Gottes glaubte. Wahnsinnige Angst ergriff die Truppen, sie warfen ihre Waffen weg, einander überrennend, überstürzend, hinter sich den frohlockenden Feind. Da gab es kein Halten mehr. Wo Aberglaube die Menge erfaßt, kann auch der tüchtigste Feldherr nichts mehr retten.

Die Schlacht war verloren, das Heer vernichtet; ein anderes Heer hatte Arbogast nicht. Wohl konnte er aus dem Lager entkommen, wo die Feinde Eugenius gefangennahmen und vor ihrem Kaiser, dem siegreichen christlichen Theodosius, hinschlachteten, aber zu retten war nichts mehr. Den Sieger um Gnade zu bitten, war nicht im Sinne des Mannes, der vor wenigen Jahren als Fremder in das Reich gekommen war und sich selbst zum Herrscher gemacht hatte. Zwei Tage irrte er im Gebirge umher und gab sich dann selbst den Tod mit seinem eigenen Schwerte.

Nur wenige Jahre selbständiger Wirksamkeit waren dem aus der Heimat Vertriebenen gegönnt gewesen, so daß schon deshalb eine dauernde Schöpfung zu setzen, ihm versagt bleiben mußte. Aber wenn auch sein Wirken episodenhaft scheinen mag, so war es doch im Geschehen des römischen Reiches und für das Verhältnis von Germanentum zum Staatenleben des Mittelmeerraumes bedeutsam. Stellten auch die Germanen schon seit vielen Jahrzehnten dem Weltreich die besten Soldaten und hatten sie sich schon zu hohen und höchsten Kommandantenstellen emporgeschwungen, Arbogast war der erste, der der erschreckt staunenden Welt zeigte, daß ein Germane auch die gesamte Regierungsgewalt des Reiches in seine Hand sich legen konnte. Freilich tat er es, noch ganz im Banne der Reichsidee befangen. Für des römischen Reiches Sicherheit und Bestand kämpfte er gegen seine eigenen Landsleute, in naturhaftem Drang, seine Kraft für Großes einzusetzen, freilich losgelöst von seinem Volke. Das führte ihn letzten Endes zum Untergang, da er in der von ihm niedergezwungenen Welt ja doch ein Fremder blieb und gegenüber den ihm fremden Spannungen der stützenden und tragenden Kraft entbehrte, die allein zu dauerndem Erfolg führen kann; der ewigen Kraft geschlossenen Volkstums.

Stilicho und Alarich

Noch während der rauschenden Feier ob des Sieges über den Usurpator Eugenius und seinen großen Helfer Arbogast erkrankte der Kaiser Theodosius, der dem Imperium Romanum noch einmal die äußere Einheit erkämpft hatte, auf den Tod. Wohl hatte er schon früher seine beiden Söhne zu Kaisern gemacht, aber er war sich dessen nur zu gut bewußt, daß weder der achtzehnjährige Arcadius, der in Konstantinopel weilte, noch der zehnjährige Honorius, den er an sein Sterbelager nach Mailand hatte kommen lassen, ihrer Aufgabe auch nur einigermaßen gewachsen wären. Wenn sie auch – der eine im Osten, der andere im Westen – nach außen hin die Herrscher sein sollten, so bedurften sie, sollte das Reich die verschiedenen bestehenden Schwierigkeiten und drohenden Gefahren überwinden, eines erfahrenen Helfers und Beraters. Diesen glaubte der sterbende Kaiser in seinem obersten Heeresmeister, dem Vandalen Falvius Stilicho gefunden zu haben; mit den Worten: „Da mich die himmlische Macht abberuft, so lade du meine Sorgen dir auf, übernimm du allein die Obsorge über meine Kinder und schütze du mit starker Hand die beiden Brüder" ward dem Germanen zwar nicht rechtlich, aber tatsächlich die Verweserschaft am 17. Januar 395 übertragen. So schwer auch die Bürde sein mochte, so trat der etwa Dreißigjährige nicht unvorbereitet an sie heran.

Von seiner Mutter wissen wir nichts, doch dürfte sie eine Reichsangehörige gewesen sein, da Stilicho gelegentlich als Halbbarbar bezeichnet wird; sein Vater hatte unter der Regierung des Valens (364–378) eine germanische Reitergruppe befehligt, ohne offenbar besonders hervorzuragen. Schon früh trat dann auch Stilicho in den Heeresdienst ein, der ihn vermutlich zu einem der meist aus ausgesuchten germanischen Kriegern bestehenden Regimentern am kaiserlichen Hof geführt hat. Da man bei diesen Truppen auf Grund des Dienstalters befördert wurde, so dürfte er noch in den Jünglingsjahren zum Offizier aufgestiegen sein. Wenn wir auch nichts über besondere Leistungen des jungen Vandalen in diesen Jahren hören, so muß es ihm doch gelungen sein, die Aufmerksamkeit der höheren Vorgesetzten auf sich zu lenken. Denn als es im Jahre 383 sich darum handelte, mit dem Perserreich einen Friedensvertrag, der vor allem auch die armenischen Verhältnisse klären sollte, zum Abschluß zu bringen, und Kaiser Theodosius mit Rücksicht auf die innerpolitische Lage seinen ursprünglichen Plan, selbst in den Orient zu reisen, aufgeben mußte, wurde zusammen mit einem gewissen Sporakios der junge Stilicho, sicherlich nicht allein wegen seines auffallend schönen und kräftigen Wuchses zu dieser Sendung ausersehen. Wenn auch die Hauptlast der politischen Verhandlungen, die zu einem günstigen Abschluß gebracht werden konnten, bei dem älteren Sporakios gelegen haben wird, so beweist allein die Tatsache einer so wichtigen Mission, daß der junge Mann sich am kaiserlichen Hofe einer besonderen Wertschätzung erfreute. Nicht bedeutungslos war es außerdem, daß auf diese Weise Stilicho sich unmittelbaren Einblick in den armenischen Fragenkomplex und in die Verhältnisse zwischen Rom und Persien verschaffen konnte und sicherlich auch verschafft hat.

Wie weit der diplomatische Erfolg bestimmend war oder wie weit persönliches Glück den Ausschlag gab, können wir nicht entscheiden; jedenfalls gelingt es Stilicho, nach seiner Rückkehr von der persischen Gesandtschaft in die engsten Beziehungen zu der kaiserlichen Familie zu treten. Gleich nach seiner Thronbesteigung hatte Theodosius die Tochter seines älteren verstorbenen Bruders Serena an seinen Hof nach Konstantinopel kommen lassen, wo sie sehr bald zu seinem besonderen Liebling wurde; zwar adoptierte er sie nicht rechtlich, doch tatsächlich war sie wie sein eigenes Kind gehalten und sie hatte auf den jähzornigen Herrscher einen größeren Einfluß als selbst seine Gattin und seine eigenen Kinder. So mußte er ihr auch den Wunsch erfüllen, den schönen Vandalen ihr zum Manne zu geben; damit war das Glück Stilichos gemacht, der nun zum bevorzugten

Thusnelda im Triumphzug des Germanikus

Opferung gefangener Römer durch germanische Priesterinnen

Schwiegersohn des Kaisers aufstieg. Es ist selbstverständlich, daß am Hofe eine Reihe von Neidern gegen Stilicho arbeiteten, die es aus persönlichen Gründen, aber auch vom staatlich-römischen Standpunkt aus nicht ruhig hinnehmen wollten, daß ein Germane Mitglied der kaiserlichen Familie geworden war. Doch Serena wußte geschickt all den zahlreichen Intrigen, die da gesponnen wurden, entgegenzutreten und die volle Gunst des Theodosius allen Anfeindungen zum Trotz ihrem Manne zu erhalten. Zunächst rückte er in der Offizierslaufbahn zum Stallmeister auf, wurde bald Oberstallmeister und wurde wahrscheinlich schon im Jahre 385, also etwa als Zwanzigjähriger, zum Kommando der Palasttruppen berufen, wodurch er in die unmittelbare Umgebung des Kaisers gelangte und in dessen Namen seine Befehle erlassen konnte. In dieser Stellung, in der er zwar nicht amts- und rangmäßig, wohl aber bereits faktisch die Reichsgeneräle an Einfluß und Bedeutung übertraf, begleite er den Kaiser auf allen seinen Feldzügen und wurde in immer höherem Maße sein Vertrauter.

Wenn wir auch im einzelnen über seine Tätigkeit in dieser Stellung nichts erfahren, so müssen wir doch annehmen, daß er sich in jeder Hinsicht seiner Aufgabe gewachsen zeigte; denn wenige Jahre später, vermutlich schon in der Würde eines Generals, gelang es ihm, in einer selbständigen Unternehmung einen nicht unbedeutenden Erfolg zu erringen. Es waren wieder einmal größere barbarische Haufen von der Donau her über das Balkangebirge in Thrakien eingefallen. Da gleichzeitig barbarische Soldaten in Makedonien meuterten, schien die Lage so bedenklich, daß Theodosius selbst im Herbst 391 gegen die Eindringlinge schließlich eine sehr empfindliche Niederlage, die nur dank des rechtzeitigen Eingreifens des thrakischen Militärkommandanten Promotus nicht zu einer Katastrophe des kaiserlichen Heeres wurde. Aber auch Promotus konnte keinen entscheidenden Erfolg erzielen; vielmehr wurde auch er geschlagen und verlor im Kampf gegen die Bastarner das Leben. Nun wurde Stilicho mit der Fortführung dieses gefährlichen Kampfes betraut; und ihm gelang es tatsächlich, anscheinend in verhältnismäßig kurzer Zeit, den Gegner niederzuzwingen und damit die Balkaninsel von weiterer gefährlicher Bedrohung zu befreien. Wahrscheinlich war es in erster Linie dieser Sieg, welcher den Kaiser bestimmte, den jungen Feldherrn zum Reichsgeneralissimus zu erheben, in welcher Stellung er uns zum ersten Male im Juli 393 bezeugt ist. Damit hatte der germanische Offizierssohn in wahrlich jungen Jahren – denn er wird kaum erst dreißig gewesen sein – in einer glänzenden Laufbahn die höchste Stelle erlangt, die das Reich ordnungsgemäß zu vergeben hatte. Da er zudem mit dieser höchsten Beamtenwürde auch noch in naher Verwandtschaft mit dem Kaiserhaus stand, war es an sich nichts Auffallendes, daß gerade ihm der sterbende Herrscher die Obhut über die beiden zur Regierung berufenen Söhne übertrug.

Außerdem mochten Theodosius auch noch andere Überlegungen zu diesem folgenschweren Entschluß, der die Verweserschaft über das Reich einem Germanen anvertraute, bestimmt haben. Stilicho hatte sich nicht bloß militärisch bewährt, so daß die Wahrung der Reichsgrenzen von ihm mit Fug und Recht erwartet werden durfte, er hat, wie uns vor allem seine spätere Tätigkeit klar erkennen läßt, sich auch die politischen Grundsätze des Theodosius vollkommen zu eigen gemacht; dieser durfte sich daher sagen, daß sein Generalissimus das begonnene Werk in seinem Sinne fortführen würde. Ferner war mit Sicherheit zu erwarten, daß der Germane Stilicho die germanischen Elemente im Heere meistern könnte, so daß auch von dieser Seite dem Reiche eine Erschütterung erspart bleiben würde. Der Germane Stilicho würde aber schon mit Rücksicht auf seine persönliche Bindung an das Kaiserhaus durch seine römische Gattin, die ihm damals bereits drei Kinder geschenkt hatte, die richtige Mittellinie zwischen barbarenfreundlicher und germanenfeindlicher Politik halten, die allein unter den damaligen Verhältnissen dem Reich eine ruhige Entwicklung zu gewährleisten versprach. Schließlich konnte aber der Germane Stilicho es ebensowenig wagen wie vor ihm Arbogast, selbst den Purpur zu nehmen, sondern mußte, schon um seine Stellung sich zu bewahren, an der herrschenden Dynastie, mit der er ja selbst verschwägert war, festhalten, so daß er als der beste Paladin des dynastischen Prinzips erscheinen mußte. Demgegenüber fiel es nicht ins Gewicht, selbst wenn das später von seinen Widersachern verbreitete Gerücht den Tatsachen entsprechen sollte, daß er seinen im Jahr 389 in Rom geborenen Sohn Eucherius zum Kaiser erheben wollte. Denn durch seine Mutter gehörte er der Dynastie an, so daß auch seine Erhebung zum Herrscher den Grundsatz der Legitimität in keiner Weise verletzt hätte. Doch vorläufig am Totenbett des großen Theodosius waren solche Pläne, selbst wenn sie Stilicho schon als Zukunftsträume gehegt haben sollte, noch lange nicht spruchreif.

Zunächst galt es für Stilicho, dem ihm überkommenen Vermächtnis auch wirklich Geltung zu verschaffen. Denn es war nicht zu erwarten, daß der schon seit Jahren arg mit Stilicho verfeindete Präfekt des Orient Rufinus, der als Mentor des Arcadius mit diesem in Konstantinopel weilte, sich ohne weiteres mit der Neugestaltung der Dinge abfinden würde; und das um so weniger als Stilicho behauptete, daß Theodosius letztwillig die Rückgabe der illyrischen Provinzen, die seit der Katastrophe von Adrianopel (378) zum Ostreich zugeschlagen worden waren, an das Westreich, den unmittelbaren Herrschaftsbereich des Honorius, verfügt hätte. Mochte nun diese Verfügung, was wir nicht kontrollieren können, noch von Theodosius getroffen oder aber von Stilicho ausgegangen sein, daß sie den Bedürfnissen des Reiches auf das beste entsprach, kann füglich nicht bestritten werden. Sicherlich herrschte auch an der Ostgrenze des Reiches nicht immer Frieden, aber die wirkliche Gefahr drohte dem Reich von Norden her; der Rhein und die Donau waren es, wo um den Bestand des Reiches gekämpft wurde. Hier die Verteidigung möglichst in einer Hand zu vereinigen, mußte als ein dringendes Gebot der Stunde erscheinen. Dann war es aber auch notwendig, dieser Verteidigungsstellung – und das konnte schon allein nach der geographischen Situation nur die weströmische Regierung sein – auch alle jene Landschaften zuzuweisen, die noch am ehesten als Rekrutierungsbezirke in Frage kamen. Und das war nach dem Zeugnis des zeitgenössischen Dichters neben Gallien eben der illyrische Raum. Gewiß verfügte Stilicho noch vom letzten Feldzug des Theodosius her neben den Armeen des Westens auch über Truppen des Ostens und er hätte genügend Militär gehabt, um seinen Willen mit Gewalt durchzusetzen. Doch hinderte ihn daran zweierlei: Während

Theodosius die Truppen des Ostens zum Entscheidungskampf gegen Eugenius nach dem Westen geführt hatte, waren hunnische Scharen ins östliche Kleinasien eingefallen und verwüstend bis Syrien vorgedrungen. Gleichzeitig waren andere Barbaren über die mittlere Donau vorgebrochen und durchzogen sengend und brennend die pannonischen Gaue bis ans adriatische Meer. Um aber die Not vollzumachen, hatten sich die Goten erhoben. Im Jahre 376 waren sie als Föderaten in das römische Reich aufgenommen worden und erst zuletzt hatten sie unter dem jugendlichen, dem Geschlechte der Balthen entstammenden Gaufürsten Alarich dem Theodosius für den Entscheidungskampf gegen Eugenius ein sehr bedeutendes Truppenkontingent zur Verfügung gestellt. Äußerst schwere Verluste, die die Goten am ersten Schlachttage infolge der überlegenen Taktik des Eugenius erlitten, abfälliges Gerede im Lager des Theodosius über die gotischen Truppen, offenkundige Zurücksetzung Alarichs durch den Kaiser selbst erzeugten eine solche Mißstimmung unter den gotischen Abteilungen, daß sich nach ihrer Rückkehr in ihre Heimat auf dem Balkan das gesamte hier siedelnde westgotische Volk zusammenschloß und für den Kampf um die Unabhängigkeit von Rom eben Alarich zum Führer wählte. Raub- und Plünderungszüge weit und breit durch das Land bis vor die Mauern von Konstantinopel waren der Auftakt zu diesem gefahrdrohenden westgotischen Angriff auf das römische Reich.

In diesem Augenblick, wo weite Reichsteile von auswärtigen Feinden überflutet waren, nicht minder wichtige Gebiete in hellem Aufruhr standen, einen offenen Krieg gegen die oströmische Regierung zu entfachen, konnte von vorneherein nicht im Sinne Stilichos gelegen sein. Dazu kam aber noch, daß der oströmische Kaiser Arcadius nicht nur an Jahren seinen Bruder übertraf, sondern auch schon viel früher als dieser mit der Kaiserwürde bekleidet worden war. Nach römischem Rechtsempfinden kam daher ihm, wenn er auch den kleineren und militärisch ebenso wie auch politisch weniger wichtigen Reichsteil beherrschte, als dem rangälteren Kaiser eine Vormachtstellung zu, die Stilicho schon aus seiner unbedingten Loyalität der Dynastie gegenüber nicht bestreiten wollte.

Das glaubte sein Gegenspieler Rufinus, dem es mehr um seine persönliche Macht, denn um das Wohl des Reiches zu tun war, ausnützen zu können, und er bewog daher Alarich durch Verhandlungen, von Thrakien abzulassen und in den makedonischen Verwaltungsbezirk abzuziehen. Dadurch sollte nicht bloß das Ostreich nach des Rufinus Plänen von der Gotennot befreit, sondern auch zugleich ein trennender Gürtel zwischen den beiden Reichsteilen aufgerichtet werden, der am ehesten eine unmittelbare Einflußnahme Stilichos auf das Ostreich hintanzuhalten versprach. Doch derartigen, zutiefst reichsfeindlichen, ja reichsvernichtenden Bestrebungen gegenüber war Stilicho zu energischem Durchgreifen entschlossen, und so brach er im Frühjahr 395 mit seinen Truppen nach dem Osten auf. Wenn der Vormarsch nur langsam vonstatten ging und Stilicho erst spät im Sommer in Thessalien vor der Wagenburg Alarichs anlangte, so dürfen wir nicht übersehen, daß Stilicho gleichzeitig auch bestrebt sein mußte, die über die mittlere Donau eingebrochenen Barbaren, wenn schon nicht zurückzuschlagen, so doch an weiterem Vordringen zu hindern. Doch bevor es noch mit den Scharen Alarichs zum Schlagen kam, erreichte den Reichsgeneralissimus der Befehl des Kaisers Arcadius, die oströmischen Truppen nach Konstantinopel zu schicken und die ostillyrischen Provinzen zu räumen. Gewiß stand hinter diesem Befehl mehr der Wunsch des Rufinus als ein selbständiger kaiserlicher Entschluß, doch für Stilicho war es ein Befehl des rangälteren Kaisers; diesem fügte er sich, mochte es auch schweren Herzens geschehen. Denn durch diese Maßnahmen, mit deren Durchführung Stilicho den Verzicht des Westreiches auf die ostillyrischen Provinzen anerkannte, wurde für die Einheit des Reiches eine nicht unbedeutende Gefahr heraufgeführt. Doch wenn sich auch der Reichsgeneralissimus der kaiserlichen Autorität des Arcadius beugte, so gab er deshalb keineswegs die Pläne gegen Rufinus auf, in dem er mit Recht nicht bloß seinen persönlichen Gegner sah, sondern auch den Verderber des einigen römischen Reiches.

Beim Einzug der von Stilicho nach Konstantinopel entlassenen Truppen, die unter dem Befehl des Goten Gainas, eines Vertrauensmannes Stilichos, standen, in die Hauptstadt des

Ostens wurde Rufinus von den Truppen niedergestochen. Selbst wenn nicht die antiken Schriftsteller es überlieferten, müßten wir vermuten, daß diese Tat im Einvernehmen mit Stilicho geschehen war. Doch wenn Stilicho gehofft haben mochte, daß am oströmischen Hof, wo vor wenigen Monaten die schöne Fränkin Eudoxia des Kaisers Gattin geworden war, der Gotengeneral Gainas entsprechenden Einfluß auf die politische Führung gewinnen würde, so sah er sich darin sehr bald auf das bitterste enttäuscht. Vielmehr stand der schwache Kaiser ganz unter dem Einfluß des Eunuchen Eutropius, in dessen Hände die eigentliche Regierung der östlichen Reichshälfte lag. Stilicho war gegenüber der Wendigkeit dieses Orientalen, der sich zunächst gegen Rufinus dem Reichsgeneralissimus zur Verfügung gestellt hatte, ins Hintertreffen geraten; da er aber mit dem Rest seiner Truppen, ganz abgesehen von dem Rückzugsbefehl des Arcadius, den Scharen des Alarich nicht gewachsen war, so mußte er zunächst darauf bedacht sein, das weströmische Heer so weit zu stärken und den Besitzstand des weströmischen Reichsteiles zu sichern, damit er mit bessern Erfolgsaussichten seine Einheitspolitik neuerlich in Angriff nehmen könnte.

Vorerst begab sich Stilicho im folgenden Jahre nach dem Rheinland, um hier die Verträge mit den verschiedenen im Abhängigkeitsverhältnis zu Rom stehenden Fürsten auf den Namen des neuen Kaisers zu erneuern. Doch neben diesem keineswegs unwichtigen politischen Zweck galt die in großer Eile durchgeführte Fahrt sicher der Gewinnung von gallisch-germanischem Zuzug für die geschwächte Armee. Offenbar hatte die Fahrt, welche den Reichsverweser bloß einen Monat von der kaiserlichen Residenz in Mailand fernhielt, vollen Erfolg. Die Rheingrenze schien für einige Zeit wenigstens wieder gesichert und zudem hatte anscheinend auch die Armee in genügendem Maße verstärkt werden können; denn es ist Stilicho offenkundig noch in diesem Jahr gelungen, auch im Donauraum die Ordnung wiederherzustellen. Damit hatte Stilicho sich für die Wiederaufnahme seiner illyrischen Pläne die notwendige Rückendeckung und auch ein entsprechend starkes Heer schaffen können. Das war um so wichtiger, als die Verhältnisse auf der Balkaninsel eine derartige Wendung genommen hatten, daß

“Teutonicus furor”
Germanischer Angriff im Kampf gegen die Römer

Germanisches Gehöft

Stilicho zu militärischem Eingreifen gezwungen war, wenn er eine Zerspaltung der beiden Reichshälften vermieden wissen wollte.

Denn nachdem im Herbst 395 die Truppen des Ostreiches nach Konstantinopel abgezogen waren und sich in erster Linie bemühten, Kleinasien von den eingefallenen Hunnen zu befreien, und andererseits Stilicho mit seinem Heer nach Italien zurückgekehrt war, blieb die Balkanhalbinsel tatsächlich sich selbst und den mit dem römischen Reich unzufriedenen Scharen Alarichs überlassen. Es war kaum mehr als eine bloße Äußerlichkeit, daß Ostrom einen Statthalter für Griechenland und einen Militärkommandanten an den Thermopylen, dem berühmten Einfallstor von Thessalien nach Mittelgriechenland, ernannte. Denn wie hätte dieser Kommandant mit der ihm anvertrauten Soldatenabteilung dem andrängenden Volk auf die Dauer erfolgreichen Widerstand leisten sollen. Und jeder ruhige Beobachter mußte sich im klaren darüber sein, daß Alarich seine Leute nach dem Süden führen würde. Thrakien und Makedonien war in den früheren Jahren verwüstet worden, Thessalien hatte während des Feldzuges vom Jahre 395 schwer gelitten, in das nördliche Bergland einzudringen, konnte die beutehungrigen Scharen nicht verlocken; wohl aber versprachen die Städte im mittleren und südlichen Griechenland leichten und ausgiebigen Gewinn. Als nun Alarich sich von Thessalien südwärts wandte, fiel ihm der Thermopylenpaß widerstandslos in die Hand. Die Verteidiger zogen sich eilends zurück. Das feste Theben konnte man zwar nicht einnehmen, doch Athen kapitulierte und unterwarf sich dem Gotenführer, nachdem seine Mannen den Piräus erstürmt hatten. Die Isthmosfestungen wurden von den germanischen Kriegern überrannt, Korinth eingenommen, Argos erobert und binnen kurzem war auch Sparta, das hochberühmte, Alarich unterworfen. Nur Tegea in den arkadischen Bergen leistete erfolgreich Widerstand.

Doch das hinderte die Goten nicht, das Land zu besetzen, und es scheint Alarichs Plan gewesen zu sein, hier im Peloponnes und in Mittelgriechenland eine selbständige Herrschaft zu errichten. Denn es mochte nicht schwer dünken, das Land gegen feindliche Angriffe allseits zu schützen. Ob und inwieweit

Alarich im Einvernehmen mit der oströmischen Regierung handelte, als er an den Aufbau eines peloponnesischen Reiches ging, lassen die Nachrichten der alten Schriftsteller nicht erkennen. Doch darf man immerhin auf Grund des späteren Verhaltens der Regierung von Ostrom vermuten, daß es ihrer Politik keineswegs zuwiderlief, wenn hier etwas wie ein Pufferstaat gegenüber dem weströmischen Reich entstand. Diese Gefahr, die aus einem solchen Gotenreich auf der Balkanhalbinsel für die Bestrebungen nach einer weitgehenden Einigung der beiden Reichshälften, außerdem auch für die unmittelbare Sicherheit und Ruhe des weströmischen Reichsteiles erwachsen könnte, erkannte Stilicho und wurde dadurch zu einem neuerlichen Vorstoß nach dem Osten bestimmt.

Schon zeitig im Frühjahr 397 führte er sein Heer auf dem Seeweg nach Griechenland hinüber und landete es in der Nähe von Korinth offenbar mit dem Gedanken, die Goten durch Abriegelung des Isthmos im Peloponnes einzuschließen. Wenn wir auch von den Einzelheiten des Feldzuges nichts erfahren, so läßt sich doch erkennen, daß es Stilicho gelang, die von einer Seuche arg mitgenommenen Heerhaufen Alarichs auf der Hochebene an der Grenze der Landschaften Arkadien und Elis einzuschließen. Doch den entscheidenden Angriff unterließ er und begnügte sich damit, durch Abschneiden von Wasseradern und Zufuhren den Gegner zum Nachgeben zu bringen. Mochten für sein Verhalten dabei auch taktische Erwägungen mitbestimmend gewesen sein, insofern die geringe Zucht seiner Truppen den Erfolg eines Sturmangriffes auf die todesmutige Gotenschar zweifelhaft erscheinen läßt, so waren sicherlich politische Erwägungen in erster Linie ausschlaggebend. Stilicho wußte, wie schwach die Militärkraft seines Reichsteiles war, und kannte die Gefahren, die an den Reichsgrenzen drohten. Es lag daher nicht in seinem Interesse, die ausgezeichneten gotischen Krieger, deren Tüchtigkeit er in so mancher Schlacht hatte beobachten können, zu vernichten; vielmehr mußte es ihm wünschenswert erscheinen, diese wertvollen Kräfte für sich zu gewinnen; denn erreichte er, daß Alarich seinen Plänen sich dienstbar machte, war das unbedingte Übergewicht gegenüber Ostrom hergestellt und die Einigung beider Reichsteile im Sinne Stilichos mochte nur mehr eine Frage der Zeit sein. Tatsächlich gelang es auch Stilicho, mit Alarich einen Vertrag abzuschließen, dessen Inhalt im einzelnen freilich nicht überliefert ist; er scheint auch in keiner Weise zur Auswirkung gekommen zu sein, da Ostrom sofort ein so weitgehendes Übergreifen Stilichos nach der Balkaninsel mit allen Mittel zu verhindern trachtete. Und Stilicho hatte dazu ja selbst eine äußerliche Handhabe geboten, insofern er mit Aufständischen, denn vom staatsrechtlichen Standpunkt aus waren Alarich und seine Leute nichts anderes, verhandelt und sich in irgendeiner Weise mit ihnen auch verständigt hatte. Eutropius, der sich und seine Politik durch das Bündnis zwischen Stilicho und Alarich auf das schwerste bedroht sah, zögerte nicht, sich das zunutze zu machen und ließ Stilicho durch den Senat von Konstantinopel zum Feinde des Vaterlandes erklären und gleichzeitig seine auf oströmischem Reichsgebiet gelegenen Güter konfiszieren. Da es jedoch keineswegs sicher war, daß Stilicho trotz allen Loyalitätsgefühls gegenüber der kaiserlichen Familie diesen Angriff ruhig hinnehmen würde, man vielmehr damit rechnen mußte, daß er gegebenenfalls im Verein mit Alarich gegen Ostrom vorgehen würde, so wollte Eutropius seinen Gegner durch einen Vorstoß in Afrika entsprechend festlegen, ohne deshalb seine Bemühungen aufzugeben, auch Alarich auf seine Seite herüberzuziehen. Mit beiden Unternehmungen hatte er Erfolg. Alarich, von dem militärischen Druck Stilichos, der nach Italien zurückgehen mußte, um die afrikanische Gefahr abzuwenden, befreit, kehrte mit seinen Mannen nach Epirus zurück und schloß mit Ostrom unter der Bedingung ein Bündnis ab, daß er zum kommandierenden General für Illyricum ernannt wurde. Ostrom willfahrte diesem Wunsch und so stieg der aufständische Führer der Goten zu einem legitimen hohen Reichsbeamten auf.

Während hier von der Regierung des römischen Reiches ein wichtiges Kernland tatsächlich einem germanischen Volksstamm überantwortet wurde, bemühte sich in eigenartiger Verkettung der Ereignisse im Westen der Germane Stilicho die Einheit des Reiches zu retten. Schwierig war seine Lage; denn dadurch, daß Eutropius den Statthalter von Afrika, den Mauren Gildo, dazu brachte, daß er sich formell Arcadius unterwarf und nur von diesem als dem rangälteren Kaiser Befehle entgegenzunehmen erklärte, war Rom in seiner Verpflegung gefährdet. Kam doch fast alles Getreide, das die Weltstadt brauchte, aus Afrika. Das blieb jetzt aus; Hunger war in Rom die selbstverständliche Folge. Stilicho ließ zwar aus Gallien und Spanien Getreide herbeischaffen, doch war das keine Dauerlösung; er mußte Afrika wieder zurückgewinnen. Doch wie konnte er, den die Regierung und der Senat des rangälteren Kaisers geächtet hatte, den Kampf aufnehmen, ohne Gefahr zu laufen, auch im eigenen Lager, im weströmischen Reich gebrandmarkt und befehdet zu werden? Er mußte daher eine Autorität auf den Plan rufen, die er mit einiger Aussicht auf Erfolg der oströmischen entgegenstellen konnte; diese fand er in der altehrwürdigen Einrichtung des ewigen Rom. Der Senat, der einst die ganze Welt nach seinem Willen gelenkt hatte, nun aber schon zu einem Gemeinderat herabgesunken war, wurde aufgerufen und erklärte in feierlicher Form, alte vergilbte Hoheitsrechte hervorziehend, Gildo zum Feinde des Vaterlandes.

Freilich mußte Stilicho sich ob solcher Unterstützung erkenntlich zeigen; hatte er schon im Jahre 395, einem letzten Wunsche des Kaisers Theodosius Rechnung tragend, eine Verminderung der auf den fast ausschließlich senatorischen Gütern lastenden Steuersumme Kampaniens verfügt, um diesen mächtigen Stand für seine Regierung zu gewinnen, so wurde den Senatoren nunmehr die Erlaubnis gewährt, die Stellung von Rekruten durch eine ziemlich niedrige Geldsumme abzulösen. Gewiß bedeutete das eine weitere Schwächung der Militärkraft des Reiches, aber augenblicklich war für Stilicho die Stärkung seiner Stellung und damit seiner Regierung wichtiger. Aus solchen Überlegungen heraus vermählte er damals auch seine ältere Tochter Maria mit dem Kaiser Honorius, wiewohl dieser das richtige Alter noch nicht erreicht hatte. Doch die Bande zwischen Stilicho und der kaiserlichen Familie wurden dadurch noch enger; und gedeckt durch den römischen Senat, konnte er als Schwiegersohn des legitimen Kaisers der Achtserklärung des Ostens widerstehen.

Hand in Hand mit diesen politischen Maßnahmen gingen umfangreiche Rüstungen. Noch bevor der Winter zu Ende gegangen war, wurde eine kleine Abteilung überraschend nach Afrika übergesetzt; den Befehl führte der Bruder Gildos, mit dem dieser auf das ärgste verfeindet war. Als dann Gildo sein Heer gegen das Landungskorps führte, wurde der Großteil seiner Truppen zum Übertritt veranlaßt, so daß der noch vor kurzem allmächtige Gebieter Afrikas sein Heil in der Flucht suchte; er wurde aber noch an der Küste gefangengenommen und bald darauf hingerichtet. Allerdings ließ Stilicho auch den Sieger bald aus dem Wege räumen, um nicht Afrika an einen neuen Usurpator zu verlieren. War auch der militärische Sieg ziemlich unbedeutend, so war der politische Erfolg um so gewichtiger. Die Versorgung Roms mit Getreide war wieder gesichert, so daß von dieser Seite eine Gefährdung der Herrschaft Stilichos nicht mehr bestand. Zudem erwies sich das konfiszierte Vermögen Gildos als derart groß, daß man ein besonderes Finanzamt dafür einrichten mußte; Stilicho war nun aller finanziellen Schwierigkeiten enthoben und konnte nicht allein das zum Kampf gegen Afrika aufgestellte Heer erhalten, sondern durch Neuanwerbungen noch vorteilhaft verstärken. Die römische Macht konnte im Westen wieder voll zur Geltung gebracht werden. Man vermochte sogar so weit zu gehen, einen fränkischen König, der verdächtig schien, nach Etrurien zu verbannen, ohne dadurch irgendwie die Ruhe und Ordnung am Rhein zu beeinträchtigen. Aber bis nach Britannien hinauf erstreckte sich Stilichos umsichtige Tätigkeit. Einfälle barbarischer Angreifer wurden abgewehrt, die alten Festungen an der Grenze wieder in Stand gesetzt und sogar neue errichtet. Überall machte sich die kraftvolle Verwaltung erfolgreich bemerkbar.

Dabei ist es nicht ohne Interesse zu beobachten, wie Stilicho ständig bemüht ist, die nationalrömischen Kreise für sich zu gewinnen. Als ein Schüler des großen Theodosius hielt er natürlich an den Grundlinien der überkommenen Religionspolitik fest; so war er auch bemüht, nach dem Sieg über Gildo der Staatskirche gegen die Sekte des Donatismus in Afrika Geltung zu verschaffen; da er im allgemeinen ziemliche Versöhnlichkeit an den Tag legte, so war sein Beginnen nicht ohne Erfolg. Während er hier für die Kirche arbeitete, die ihm eine wertvolle Stütze gegen die revoltierenden Sektierer zu sein dünkte, gewährte er gleichzeitig den Heiden, zu denen in erster Linie die senatorischen Kreise gehörten, manche Konzession. Ein Gesetz untersagte weitere Zerstörungen heidnischer Tempel, und schließlich willigte Stilicho gegen Ende des Jahres 399 darein ein, daß die schon viele Jahrzehnte heiß umstrittene Victoriastatue, welche zum Kampfsymbol der heidnischen Reaktion geworden war, wieder im Senatssitzungssaal aufgestellt würde; freilich sollte sie offiziell nicht als Kultbild gelten, sondern bloß als ein Schmuck des Saales angesehen werden.

So durfte Stilicho glauben, am ehesten zu der unvermeidlichen Auseinandersetzung mit der östlichen Reichshälfte gerüstet zu sein. Denn wie gespannt die Lage war, erhellt am besten daraus, daß im Westreich die Konsuln des Ostens nicht anerkannt wurden. Als es dann nach dem Sturz des Eutropius dem Goten Gainas gelang, Einfluß auf die politische Führung in Konstantinopel zu gewinnen, konnte man hoffen, daß es doch zu einer Verständigung im Sinne Stilichos zwischen den beiden Reichsteilen kommen würde. Doch nur zu rasch setzte sich die antigermanische Gruppe im Osten neuerlich durch, so daß jede Aussicht auf Verständigung abermals schwand. Zudem brachte die antigermanische Politik Konstantinopels auch noch unmittelbare Schwierigkeiten für Stilicho.

Denn der politische Umschwung in Ostrom konnte auf die Stellung und das Verhalten Alarichs nicht ohne Einfluß bleiben. Hatte er sich bereit gefunden, zu einer im allgemeinen nicht germanenfeindlichen Regierung in ein Abhängigkeitsverhältnis zu treten, wie es seine Stellung auch als kommandierender General war, so konnte es nicht sein Wunsch sein, dieses Verhältnis gegenüber einer germanenfeindlichen Regierung aufrecht zu erhalten. Das hätte gewiß eine Annäherung zwischen ihm und Stilicho herbeiführen können, wenn Stilicho seine Politik allein auf das Westreich gerichtet und nicht das gesamte Imperium im Auge gehabt hätte; so konnte es zwischen den nur das einige römische Reich kennenden Plänen des Stilicho und den auf ein gesichertes Gotenland gerichteten Wünschen Alarichs einen Ausgleich nicht geben. Andererseits hatte Alarich während seiner Tätigkeit in Illyricum Gelegenheit gehabt, sein Volk für weitere Unternehmungen vorzubereiten, insbesondere auch aus

Armin entführt Thusnelda

Der Alphabetstein von Ostermariae sogn, Bornholm

den römischen Arsenalen mit Waffen zu versehen. Denn daß das Siedlungsgebiet im Epirus auf die Dauer den Wünschen der Westgoten nicht genügen könnte, mußte jedermann klar sein; die angrenzenden Landschaften im Osten und Süden waren von ihnen selbst verwüstet und boten auch nicht den entsprechenden weiten Siedlungsraum. So mußten Alarichs Blicke von selbst auf Italien gerichtet werden, das bisher von Verwüstungen verschont geblieben war und wo weite fruchtbare Ländereien den gotischen Kriegern Raum boten. Die Jahre der Sammlung und Ruhe in Epirus hatten die Schlagkraft der Goten nur gesteigert, die allmählich sich verdichtende Spannung mit Ostrom ließ eine Abwanderung aus dem zerklüfteten unfreundlichen Bergland immer wünschenswerter erscheinen. Doch einem Angriff auf Italien angesichts des gesamten weströmischen Heeres fühlte sich der Gotenfürst anscheinend nicht gewachsen. Es galt, eine günstigere Gelegenheit abzuwarten, wenn wenigstens Teile der weströmischen Armee anderweitig gebunden waren. Nur zu bald sollte sich eine solche Lage ergeben.

Vandalen und Alanen brachen über die Donau in römisches Reichsgebiet ein und breiteten sich in Norikum und den angrenzenden Teilen Rätiens aus. Beträchtliche Teile des weströmischen Heeres mußten von Stilicho aufgeboten werden, um die Gefahr, die da den Donauprovinzen und der Donaugrenze drohte, wenigstens einzudämmen. Damit war die Zeit für Alarich gekommen: die Alpenpässe und größtenteils auch Italien waren von römischen Truppen entblößt, ein rascher Vormarsch würde sicherlich nur auf geringen Widerstand stoßen.

Trotz des nahen Winters brach Alarich mit seinen Scharen auf, ging noch im November 401 über den Birnbaumer Wald, belagerte Aquileia und rückte dann weiter nach dem Westen vor, ohne irgendwo nennenswerten Widerstand zu finden, offenbar um sich möglichst rasch der kaiserlichen Residenz zu bemächtigen. Der Eindruck, den dieser Einfall der Germanen in Italien hervorrief, war ungeheuer; seit langen, langen Jahren hatte trotz aller Wirren und Kämpfe kein auswärtiger Feind italischen Boden betreten; so mancher mag an die einst durch Kimbern und Teutonen heraufbeschworene Gefahr gedacht haben, als er von den unaufhaltsam vordringenden Gotenscharen hörte. Schon glaubte man den Feind bald vor Rom und setzte eilends die Stadtmauer in Stand. Der Kaiser Honorius dachte an Flucht und wollte seinen Hof sofort nach Gallien verlegen, um sich dem drohenden gotischen Angriff zu entziehen. So spärlich auch die Nachrichten, die auf uns gekommen, sein mögen, sie lassen noch deutlich die Bestürzung und Verwirrung erkennen, die das ganze Land ergriff. Doch Stilicho zeigte sich der Lage gewachsen. Den Kaiser hielt er, wiewohl mit Mühe, in Mailand fest. Gleichzeitig ließ er die Truppen aus Britannien und Gallien nach Italien kommen, womit man freilich eine gefährliche Schwächung des dortigen Grenzschutzes in Kauf nahm; aber die Rettung Italiens verlangte es. Er selbst ging mitten im Winter über die verschneiten Alpen, um zuerst so rasch als möglich in den Donauprovinzen geordnete Verhältnisse herzustellen. Und er hatte Erfolg; mehr durch Verhandlungen als durch militärische Maßnahmen zwang er die Vandalen und Alanen in Rätien, seinen Wünschen sich zu fügen und ihm auch noch ansehnliche Hilfstruppen zum Kampf gegen Alarichs Scharen zur Verfügung zu stellen. Nachdem er so sein Heer verstärkt hatte, stieg er gleichfalls noch im Winter mit den Truppen über die Berge, die noch tief im Schnee dalagen, in die oberitalienische Tiefebene herunter und zwang Alarich, von der Belagerung Mailands, wo er den Kaiser Honorius eingeschlossen hielt, abzulassen; dann drängte er ihn nach dem Westen ab, offenbar in der Absicht, ihn zwischen seinem Heer und den aus Britannien und Gallien heranmarschierenden Truppen einzwängen zu können; Alarich hingegen war bestrebt, über den Apennin zu kommen und auf Rom selbst loszuziehen. Nachdem man den Goten schon bei Hasta eine Schlappe beigebracht hatte, gelang es dann, sie bei Pollentia zur Schlacht zu zwingen. Wohl war der Kampf eigentlich unentschieden, als die Nacht die schwer mitgenommenen Heere trennte, aber Stilichos Truppen hatten sich des gegnerischen Lagers mit Weibern und Kindern bemächtigen können. Das gab den Ausschlag; dem Verhandlungsgeschick des römischen Generalissimus gelang es nun bald, Alarich zu einem Vertrag zu bringen, in dem er sich, vermutlich gegen Freigabe der Weiber und Kinder, zur Rückkehr in die alten Sitze auf dem Balkan verpflichtete. Allerdings kam es noch einmal zu neuerlichen Feindseligkeiten, doch Stilicho, der sich auch diesmal als ausgezeichneter Umzingelungsstratege bewährte, konnte seinem Gegner bei Verona eine empfindliche Niederlage beibringen und ihn zur endgültigen Anerkennung des eingegangenen Vertrages zwingen; in Illyricum sollte nun Alarich für Stilicho Wache halten gegen Ostrom.

Doch bevor die alten illyrischen Pläne von Stilicho tatsächlich wieder aufgenommen werden konnten, mußte das weströmische Heer entsprechend verstärkt werden, da eine dauernde Entblößung der Reichsgrenzen, wie man sie während der Gotennot gewagt hatte, unmöglich war, wollte man nicht mutwillig die Grenzlande opfern. Stilicho ließ daher umfangreiche Aushebungen vornehmen. Außerdem wurde der Sitz der Regierung von Mailand nach Ravenna verlegt; gewiß waren dafür in erster Linie Sicherheitsgründe maßgebend, da die ausgedehnten Sümpfe um Ravenna eine feindliche Annäherung zumindest bedeutend erschwerten; außerdem mochte Stilicho auch von dem Gedanken geleitet worden sein, den Mittelpunkt der Herrschaft näher an das illyrische Gebiet heranzurücken, wo nach seinen Absichten die nächsten Entscheidungen fallen sollten.

Im Jahre 405 glaubte er nun, soweit gerüstet zu sein, um zum unmittelbaren Angriff gegen den Osten schreiten zu können. Alarich wurde jetzt von Honorius, also von der weströmischen Regierung zum kommandierenden General in Illyricum ernannt und sollte mit seinen Scharen nach Epirus vorrücken; dort sollte er sich mit einem römischen Heere vereinigen, das man von Brindisi aus übersetzen wollte. Doch bevor man an die Ausführung dieser Pläne schreiten konnte, die, von allen anderen Erwägungen abgesehen, das adriatische Meer zu einem weströmischen machen sollten, brach eine neue Welle der Völkerwanderung über die Grenzen des Westens und drohte, alles zu verschlingen. Ein ungeheurer Barbarenhaufen, in dem der größte Teil aus Ostgoten bestand, brach Ende 405 über die Donau und Alpen unter dem Heerkönig Radagaisus in Italien ein. Noch hatte man sich von dem Einbruch de Westgoten nicht erholt und schon standen neuerlich feindliche Haufen auf den italischen Feldern; ungeheuerer Schreck ergriff von neuem das Land und vergrößerte die Gefahr ins Ungemessene; das übertreibende Gerücht erzählte von 200 000 und selbst 400 000 Eindringlingen. Und tatsächlich war die Not groß. Das Heer, das man in den letzten Jahren ausgerüstet hatte, reichte nicht aus, um dem Ansturm Einhalt zu tun. Es wurden Bundesgenossen angeworben, der Hunne Uldin mit seinen flinken Reitern und der Gote Sarus mit seinen kampfesmutigen Mannen; und auch einheimische Freiwillige rief man auf und wandte sich selbst an die Sklaven, die von Staats wegen freigelassen wurden, wenn sie in das Heer eintraten. Binnen wenigen Monaten hatte Stilicho die Verteidigung organisiert. Die große Masse, die vereinigt kaum zu ernähren war, zwang den Feind, seine Kräfte zu zersplittern; in drei Heerhaufen getrennt, plünderten sie das Land; mit dem größten zog Radagais vor Florenz. Hier setzte nun Stilicho mit den Abwehrmaßnahmen ein, entsetzte die Stadt und zwang den Feind, sich auf den Berg von Fiesole zurückzuziehen. Gemäß seiner immer wieder mit Erfolg angewendeten Methode verzichtete er auch hier auf einen Sturmangriff; vielmehr wurde der Feind umzingelt und sollte durch Hunger zur Übergabe gezwungen werden. Bald kam Stilicho ans Ziel. Radagais wurde bei einem Versuch, sich durch Stilichos Linien zu schleichen, gefangen und die führerlose Schar kapitulierte. Viele wurden niedergehauen, viele in die Sklaverei verkauft; 12 000 der Vornehmsten wurden von Stilicho in das römische Heer aufgenommen. Nach diesem Erfolg war es verhältnismäßig ein leichtes, auch mit den beiden anderen Haufen fertig zu werden.

Doch kaum war das Reich von dieser einen Gefahr befreit, brach das Unglück an anderer Stelle los. Um den Leuten des Radagais die Spitze bieten zu können, hatte man auch vom Rhein Truppen abgezogen. Wohl hatte es zunächst den Eindruck, daß die fränkischen Bündner den Scharen, die da über den Rhein drängten, gewachsen wären; doch am 31. Dezember 406 brach der Widerstand zusammen und in hellen Haufen strömten nun Vandalen und Alanen und Sueben, mit Goten vermischt, nach Gallien ein, verwüsteten und plünderten die reichen Städte Trier, Mainz, Worms, Straßburg, Reims und viele andere und stießen, da ihnen niemand entgegentrat, sogar bis an die Pyrenäen vor, erschienen ebenso an der Küste des Ärmelkanals, so daß man selbst einen Vorstoß nach Britannien erwarten konnte. Alles schien sich aufzulösen und die Reichsregierung tat trotz der furchtbaren Not, die über das blühende gallische Land hereingebrochen war, nichts. Es kann nicht wundernehmen, daß die Gegner Stilichos angesichts solchen Verhaltens von Verrat sprachen und daß man sich sogar erzählte, Stilicho hätte selbst die Vandalen herbeigerufen; daß hierfür auch nicht der fadenscheinigste Grund zu finden gewesen wäre, das bekümmerte die erregten Gemüter nicht. Aber freilich leuchtete das niemandem in Gallien und Britannien und so manchem auch nicht in Italien ein, daß man jetzt, wo die westlichen Provinzen verloren zu gehen drohten, nach dem Osten gehen müßte, um da auf der Balkanhalbinsel Eroberungen zu machen. Und doch wäre es verfehlt, darin nur ein auf persönliche Machterweiterung eingestelltes Streben sehen zu wollen.

Denn so bedrohlich und furchtbar die Lage auch in Gallien sein mochte, solange Stilicho nicht jede Bedrohung von Illyrien her ausgeschaltet hatte, konnte er nichts für Gallien unternehmen. In Illyrien stand Alarich; gewiß als kommandierender General der weströmischen Regierung; doch wie eigenartig und schwankend dieses Verhältnis war, ergibt sich am deutlichsten daraus, daß die Regierung ihrem General Geiseln stellte. Und mochte auch dem einen oder anderen Alarich nichts weiter scheinen als ein Kriegsmann, der mit seinen Haufen bald hierhin, bald dorthin zog und in reichem Beutegewinn das Ziel seines Tuns sah, Stilicho, der mehrfach eingehende Verhandlung mit dem Führer der Westgoten gepflogen hatte, wußte nur zu gut, daß Alarichs Ziel weit höher stand und daß auf dieses Ziel nicht nur der Führer allein, sondern sein ganzes Volk hinstrebte und daß dieses Ziel ein selbständiges, von Rom mehr oder weniger unabhängiges Gotenland war; um solches zu erreichen, war Alarich mit jedem Mittel einverstanden. Zog daher Stilicho mit dem weströmischen Heere gegen Gallien, stand mit Sicherheit zu erwarten, daß Alarich wie sechs Jahre früher mit seinen Leuten in das ungeschützte Italien einfallen würde. Gewann man jedoch Alarich dafür, mit seinen Mannen den Kampf in Gallien zu führen, so war nicht bloß Illyrien ungedeckt und unter Umständen einem Angriff Ostroms ausgesetzt, sondern es war, was weitaus gefährlicher war, zu erwarten, daß Alarich entweder mit den Eindringlingen gemeinsame Sache machen oder aber nach siegreichem Kampf sein eigenes Herrschaftsgebiet jenseits der Alpen aufrichten würde. Ließ man hingegen den Dingen in Gallien vorerst ihren Lauf und wandte man sich zunächst mit ganzer Kraft gegen Illyrien, so durfte Stilicho hoffen, die Verhältnisse dort verhältnismäßig schnell in seinem Sinne zu bereinigen. Aber war hier auch der Sieg errungen, so war gegen mögliche Gegenangriffe Ostroms ein Grenzschutz notwendig, den niemand besser als Alarich gegenüber dem germanenfeindlichen östlichen Regime gewährleisten würde; dann war aber der Westgotenführer im Osten gebunden; man brauchte von ihm keine Überraschung gegen Italien erwarten, auch wenn Stilicho mit der weströmischen Armee in Gallien stand. So schien die trostlose Lage allein zu meistern zu sein.

Des Erfolges in Illyrien war man ziemlich sicher; man hatte schon einen Statthalter für das zu gewinnende Gebiet ernannt und verhängte gegen Ostrom eine Handels- und Hafensperre. Alarich rückte planmäßig mit seinem Heer nach Epirus vor, um die Vereinigung mit den von Italien zu erwartenden Truppen zu vollziehen. Da trat im Westen eine völlig unerwartete Wendung ein und ließ Stilichos Pläne nicht zur Durchführung kommen.

In Britannien, von Schotten und Iren bedrängt, von den Germanen in Gallien bedroht, von der Zentralregierung, die in den letzten Jahren immer nur Truppen abgezogen hatte, im Stich gelassen, wußte man sich in der Not nicht anders zu helfen, als selbst einen Kaiser auszurufen. Ein Soldat, der den gleichen Namen wie der große Constantin trug, wurde schließlich mit dem Purpur bekleidet. Er setzte sofort nach Gallien über, gewann Heer und Bevölkerung für sich, konnte die germanischen Eindringlinge im wesentlichen nach dem Westen abdrängen, so daß sich sein Herrschaftsbereich sehr bald bis an die Alpen und Pyrenäen dehnte. Gewiß war praktisch der Regierung von Ravenna nicht mehr Land verlorengegangen als durch den Einfall der Germanen, aber diese waren Eindringlinge, in deren Ablehnung die Landbevölkerung und die Zentralregierung eines Sinnes war, jener Constantin, dessen Name eine begreifliche und sehr gefährliche Anziehungskraft ausübte, nahm unter Zustimmung von Heer und Bevölkerung das Land in Besitz und erhob

Die Zerstörung der Irminsäule

Germanische Reiterei im Kampfe gegen Römer

in seinem Titel und in seiner Stellung Anspruch auf das ganze weströmische Reich.

So standen nicht einzelne Landschaften auf dem Spiel, sondern die Dynastie. Unter solchen Umständen mußte das illyrische Unternehmen, das auch durch ein falsches Gerücht von dem Tode Alarichs ungebührlichen Aufschub erlitten hatte, so daß die gute Jahreszeit verstrichen war, ohne daß das italische Heer übergesetzt worden wäre, aufgegeben werden, damit man alle Kräfte gegen den Usurpator vereinigen könne. Das gab auch innenpolitische Rückwirkungen.

Man brauchte Geld; der Kaiser meinte zudem, in dem Unglück eine Strafe des Christengottes wegen seines laxen Vorgehens gegen die Heiden sehen zu müssen; Stilicho war jetzt mehr denn je auf ein loyales Verhalten Alarichs angewiesen; vielleicht konnte man ihn am ehesten durch eine gesteigerte germanenfreundliche Haltung gewinnen. So wurde nun ein Gesetz gegen Ketzereien erlassen, das zugleich die Konfiskation aller noch bestehenden heidnischen Tempel und der dazugehörigen Güter eben wie die Vernichtung aller heidnischen Altäre und Kultbilder aussprach; auch die Verbrennung der alten sibyllinischen Orakelbücher scheint damals veranlaßt worden zu sein. Honorius beruhigte damit sein Gewissen und auch die Staatskasse zog ihren Vorteil daraus; doch Stilicho hatte damit einen Vorstoß gerade auf diese Kreise unternommen, die heidnischen, freilich im Grunde auch unbedingt barbarenfeindlichen Senatoren, die bislang nicht die unbedeutendste Stütze seiner Regierung gewesen waren. Nur die Zukunft konnte lehren, ob dieses Opfer von Vorteil war.

Gegen den Usurpator in Gallien wurde Sarus mit seinen Goten und einem Großteil der Armee geschickt; anfänglich konnte er manch schönen Erfolg erzielen, mußte aber vor der gesamten Macht Constantins doch bald wieder nach Italien zurück; dieser sperrte nun die Alpenpässe und wandte sich gegen Spanien, um auch diese Provinz Honorius zu entreißen.

Die Not stieg immer höher. Da starb Maria, die Tochter Stilichos und Gattin des Honorius. Der Verbindung zwischen der kaiserlichen Familie und dem Vandalen drohte eine bedenkliche Lockerung. Doch Stilicho gelang es, der Gefahr zu begegnen;

noch im Mai 408 verheiratete er seine jüngere Tochter Thermantia dem Kaiser; das alte Verhältnis war äußerlich wenigstens wiederhergestellt. Doch schon drohte eine neue Gefahr.

Stilichos Verhältnis zum Senat war seit den letzten heidenfeindlichen Gesetzen äußerst ungünstig, auch zwischen ihm und dem Kaiser schien allmählich eine Mißstimmung Platz zu greifen. Der Großteil des Heeres stand mit Sarus in Gallien. Das war für Alarich das Zeichen, wieder an seine eigenen Pläne zu denken. Er war über Befehl Stilichos nach Epirus vorgegangen und hatte dort lange Monate vergeblich auf das italische Heer gewartet. Seine Leute waren durch die Politik der Regierung um jede Beute gekommen; dafür konnte man mit Fug und Recht Entschädigung verlangen. Alarich marschierte nach Norikum hinauf und besetzte die nach Italien führenden Alpenpässe, eine Drohung, die jedermann in dem von nur ganz wenigen Truppen geschützten Italien verstehen mußte. In dieser Stellung richtete er an die Regierung in Ravenna die Forderung nach einer Geldentschädigung von 4000 Goldpfund.

Stilicho war es von vorneherein klar, daß man diese Forderung erfüllen müsse; denn anderenfalls würde Alarich in Italien einmarschieren und einem Doppelangriff Alarichs und Constantins war man auf keinen Fall gewachsen; dann war das Ende da. Doch der Kaiser, der in Rom weilte, legte die Forderung des westgotischen Häuptlings dem Senat zur Verhandlung vor und hier dachte man anders. Man sah die ungeheuerliche Summe, die aus dem Lande herausgepreßt werden sollte, damit sie einem Barbaren eingehändigt würde, und man sah, daß der allmächtige Halbbarbar, er erst vor kurzem gegen die Heiden vorgegangen war und mit der Verbrennung der sibyllinischen Bücher die heiligen Gefühle jedes traditionsbewußten Römers aufs tiefste verletzt hatte, für die Zahlung eintrat. Das war Grund genug, um Verdacht zu schöpfen, daß zwischen den beiden ein Einvernehmen bestünde; man war dagegen und machte heftigste Opposition, man forderte den Krieg gegen den Goten und sprach von gotischer Knechtschaft. Stilicho mußte selbst nach Rom kommen und seine ganze Macht aufbieten, um schließlich doch die Opposition zum Schweigen zu bringen. Es wurde die Zahlung an Alarich beschlossen und das Nötige zur Aufbringung der

Summe verfügt. Stilicho war Sieger geblieben, aber der Sieg, der gewiß im Interesse des Reiches notwendig gewesen war, war zu teuer erkauft.

Die senatorischen Kreise waren zu den erbittertsten Gegnern Stilichos geworden, der ihr Geld und damit in ihren Augen das Reich den Westgoten auslieferte; lieber hätten sie auf Kosten der Dynastie einen Ausgleich mit dem Usurpator Constantin hingenommen, als einen Vertrag mit Alarich, der schon einmal italisches Land verwüstet hatte. Sie fühlten sich als die berufenen Vertreter altrömischen Ansehens und riefen nun zum Kampf gegen den steigenden germanischen Einfluß im Reich. Auch das Ostreich hatte eine barbarenfeindliche Politik eingeschlagen; im Bunde mit ihm würde man Alarich schon überwinden können und auch Stilicho, der doch nur der Wegbereiter der Goten war und dadurch immer eine Verständigung mit dem Ostreich hintangehalten hatte. Durch seine Politik war ja auch der Usurpator groß geworden; hätte man nicht um Illyrien und Alarich sich gekümmert, sondern wäre man sogleich in Gallien gegen die eingedrungenen Barbaren vorgegangen, wäre es niemandem beigefallen, einen eigenen Kaiser auszurufen.

Doch solche Gedanken und Überlegungen blieben nicht auf die Kreise der Senatoren beschränkt; auch der Kaiser zeigte sich ihnen in immer steigendem Maße zugänglich, da er nur zu gerne sich endlich der Bevormundung durch seinen Generalissimus entzogen hätte. Und noch eine Stütze verlor Stilicho damals. Seine Gattin Serena, die nicht wenig zu seinem Aufstieg beigetragen und seine politischen Pläne eifrig und umsichtig unterstützt und gefördert hatte, trat nun auch in Gegensatz zu ihm; je stärker seine Politik auf die Barbaren sich zu stützen schien, um so mehr fühlte sie sich als Römerin und glaubte an die Seite derjenigen treten zu sollen, die den Antigermanismus auf ihre Fahne geschrieben hatten, und entschied sich insbesondere in dem aufbrechenden Zwiespalt zwischen Stilicho und dem Kaiser für ihren kaiserlichen Vetter und Schwiegersohn. Ihr Blut ließ sich nicht verleugnen. Um den Vandalen wurde es einsam. Aber noch hatte er das Heer in der Hand, das nur von ihm Befehle zu empfangen gewohnt war; und auf dieses gestützt, durfte er hoffen, seiner Politik, in der der mit vollem Recht von ihm die einzige Rettung des Reiches gesehen wurde, zum Siege zu verhelfen.

Aber der Kaiser wollte sich jetzt nicht mehr so von seinem Heer fernhalten lassen, sondern sich den Truppen, die in Pavia für den letzten Feldzug nach Gallien zusammengezogen wurden, ebenso selbst vorstellen wie er jetzt trotz Stilichos Widerstand in Ravenna eine Parade abgehalten hatte.

Da schien das Schicksal noch einmal Stilicho zu Hilfe zu kommen. Am 1. Mai war in Konstantinopel Arcadius gestorben, die Herrschaft seinem siebenjährigen Sohn Theodosius II. hinterlassend. Viele Wochen war man im Westen über die Geschehnisse im Ungewissen; als man endlich Klarheit gewonnen hatte, war man entschlossen, die Verhältnisse im Osten nach den eigenen Wünschen endgültig zu regeln. Honorius wollte selbst nach Konstantinopel reisen, um dort die Vormundschaft über seinen kleinen Neffen zu übernehmen. Doch Stilicho setzte es schließlich durch, daß er mit dieser Mission betraut wurde. Wenn er sich um diese Sendung so sehr bemühte, so sicher nicht deshalb, wie seine Feinde behaupten, um den Theodosius zu beseitigen und an seiner Stelle den eigenen Sohn Eucherius zum Kaiser zu machen, sondern um durch eine einheitliche Politik die Kräfte des Ostreiches auch für den Westen nutzbar zu machen. Im Sinne seines Lehrmeister Theodosius wollte er noch einmal die Einheit des Reiches zu stärken versuchen. Doch diese Reise in die Hauptstadt des Ostens, die Stilicho vor mehr als dreizehn Jahren verlassen hatte, kam nicht mehr zustande.

Während der Kaiser auf seiner Reise zu den Truppen von den Feinden Stilichos bearbeitet wurde, agitierte man auch bei den Truppen selbst gegen die germanenfreundliche Regierung. Bei einer Parade, die Honorius am 13. August in Pavia abhielt, während Stilicho in Bologna weilte, brach der Sturm los. Die Soldaten fielen über die Würdenträger in der Umgebung des Kaisers, die ja Leute Stilichos waren, her und machten sie nieder. Sobald Stilicho von dieser Revolte hörte, beeilte er sich mit Sarus und den verfügbaren germanischen Truppen nach Pavia zu ziehen, da er vor allem über das Schicksal des Kaisers im Ungewissen war. Bald erfuhr er, daß Honorius am Leben sei und sich den Germanenfeinden angeschlossen habe. Das war für Stilicho das

Entscheidende. Wenn er auch in den letzten Monaten dem Kaiser vielfach sehr scharf entgegengetreten war, um seine eigenen Politik zu verteidigen, so hatte er sich dabei immer im Rahmen seiner Amtsbefugnisse gehalten. Zum Rebell zu werden, kam für ihn nicht in Betracht.

Er brach den Marsch nach Pavia trotz des Widerstandes seiner Leute ab; keineswegs aus Mutlosigkeit, wie manchmal behauptet wird, denn seine Truppen hätten wahrscheinlich ohne besondere Schwierigkeiten die Oberhand gewonnen, aber gegen seinen Kaiser erhob er nicht die Waffen. Wenn dieser sich endgültig für die germanenfeindliche Politik entschlossen hatte und dafür auch das Heer einzusetzen bereit war, hatte auch der Generalissimus sich zu fügen. Er gab noch an die Städte, in denen sich Angehörige germanischer Krieger aufhielten, den Befehl, die Tore zu schließen, damit die Regierung für ihre Maßnahmen entsprechende Geiseln besäße. Dann begab er sich nach Ravenna, um hier selbst einen Zusammenstoß zwischen den römischen und den zum äußersten entschlossenen germanischen Truppenteilen hintanzuhalten. Bald langte auch der Haftbefehl, von seinen Gegnern dem Kaiser abgerungen, ein; Stilicho suchte das Asyl der Kirche auf, aus dem ihn die Sendlinge des Kaisers in hinterhältigster Weise herauslockten. Die Germanen wollten ihn heraushauen, doch er verbot es ihnen und ward am 22. August 408 hingerichtet.

Dreizehn Jahre hat er die Geschicke des weströmischen Reiches gelenkt. Wenn uns auch die spärlichen Nachrichten in vielen Einzelheiten ein sicheres Urteil nicht verstatten und wir auf erklärende Vermutungen angewiesen sind, so kann kein ernster Zweifel daran bestehen, daß Stilicho über nicht geringe militärische und staatsmännische Fähigkeiten verfügt hat. So vielfältig und überraschend die Gefahren auch sein mochten, er verstand es immer wieder sie zu meistern, obwohl die finanziellen und mehr die trostlosen militärischen Verhältnisse im Römerreich ihn schwer gehemmt haben; denn es darf nicht übersehen werden, daß die Truppen nicht bloß zahlenmäßig, sondern, von den germanischen Abteilungen abgesehen, auch qualitativ meist hinter den Kriegern der eindringenden Feinde weit zurückstanden. Wenn Stilicho trotzdem auch der militärische Sieg gelungen ist, so war das auf seine strategische Überlegenheit, die sich insbesondere in der Umzingelungstechnik bewährte, zurückzuführen. Wenn er aber schließlich doch gescheitert ist, so geschah das nicht aus militärischem oder finanzpolitischem Unvermögen heraus; zerbrochen ist vielmehr auch er in letzter Linie an dem inneren Zwiespalt, in den das römische Reich hineingewachsen war. Wohl hieß es noch immer das römische Reich, aber es fehlten die materiellen und auch schon ideellen Kräfte, die ihm den römischen Gehalt geben und erhalten sollten. Man konnte sich vielmehr gegen die andrängenden feindlichen Kräfte nur dadurch zur Wehr setzen, daß man sie selbst im Militär, aber auch in der Verwaltung und im Volksaufbau dem Reiche dienstbar machte. Das hatten schon viele Kaiser versucht und auch Theodosius hatte es geglaubt und diesen Glauben Stilicho weitergegeben, daß man die germanischen Kräfte in das Reich aufnehmen und hier für das Reich zur Entfaltung bringen könne, um so den römischen Ideen neuen Auftrieb zu geben, das Reich neu zu kräftigen. Verkannt ward dabei, daß jede Volkskraft ihre eigene Lebensform entwickeln muß und daß es zwischen dem völkerverbindenden, aber zugleich auch völkervernichtenden Weltreich, das Rom geschaffen, und dem germanischen Volksstaat einen Ausgleich nicht gab. Mochte auch Stilicho die besten Jahre seines Lebens und die besten Kräfte seines Geistes diesem Bemühen weihen, in ernster Arbeit hier den Ausgleich zu finden, auf den Alpenpässen stand Alarich mit seinen Scharen und forderte freien Raum für sein Gotenvolk, Unabhängigkeit von Rom. Wenn ein Senator bei den Verhandlungen über Alarichs Entschädigung ausrief, daß ein Nachgeben hier nicht Frieden bedeute, sondern Unterwerfung unter germanische Herrschaft, so hatte er recht. Stilicho hat die Forderung bewilligt und damit bewußt oder unbewußt dem germanischen Wollen recht gegeben. Damit hatte er aber selbst über sein politisches Werk das Urteil gefällt. Von diesem Augenblick an war für ihn ein Erfolg unmöglich; er hat aber trotzdem zu seiner Politik in Treue gestanden. Denn wenn er gegen Honorius nicht die Waffen erhob, so tat er es nur deshalb nicht, weil für ihn in Honorius die Idee seiner eigenen Politik, die Idee des römischen Reiches, verkörpert war. Hier liegt die Tragik des Mannes, der vom Offizierssohn zum Reichslenker aufgestiegen war, daß er zwei Welten zu vereinigen suchte, die einander nur bekämpfen konnten. Er mag es gefühlt haben, als seine Gattin, lange Jahre seine treueste Helferin, seinen Feinden sich anschloß, daß es keine Verständigung gab zwischen dem Römer und dem Germanen. Nur Untergang des einen konnte die Lösung bringen. Er wählte für sich den Untergang, sich selbst und seiner Welt, in der er aufgewachsen war und gelebt und gewirkt hatte, in mannhaftem Sinne die Treue haltend.

Nach seinem Tode hatte nun die germanenfeindliche Richtung freie Hand. Daß man sich zunächst in Verfolgung der Anhänger Stilichos gefiel, ist von nebensächlicher Bedeutung, bedenklicher war schon, daß die Regierung es zumindest duldete, wenn in den Städten Italiens von den einheimischen Truppen die Angehörigen germanischer Soldaten hingemordet wurden. Denn die so Mißhandelten gingen zu Alarich, der noch immer an den Alpenpässen Wache hielt und auf die Befriedigung seiner Forderung harte. Daß Stilicho schweren Widerstand hatte überwinden müssen, wußte natürlich auch er; er wußte aber auch, daß jetzt nach Stilichos Untergang der Widerstand nur gewachsen war und die Zahlung noch länger auf sich warten lassen werde. Doch schien es nicht ohne weiteres ratsam, in das von der plötzlichen antigermanischen Begeisterung aufgepeitschten Italien einzurücken. Alarich wollte es daher noch einmal mit Verhandlungen versuchen. Er wäre gegen Zahlung auch einer geringeren Summe bereit gewesen, sich nach Pannonien zurückzuziehen.

Dieses Einlenken des westgotischen Häuptlings schien den Heißspornen am römischen Hof Recht zu geben; entsprechend scharfes Vorgehen würde ein Nachgeben der Feinde erzwingen können; man lehnte auch die ermäßigte Forderung ab.

Als Alarich sah, daß mit Verhandlungen nichts zu erreichen war, brach er im Herbst 408 in Italien ein und marschierte zunächst in der Richtung auf Mailand, um sich womöglich des Kaisers, der sich gerade dort aufhielt, selbst zu bemächtigen; das ging fehl, der Hof entkam nach Ravenna. Auf die von Natur äußerst geschützte Stadt einen Angriff zu unternehmen, vermied Alarich und marschierte so schnell als möglich auf Rom los. Jahrhunderte waren vergangen, seitdem ein auswärtiger Feind vor den Toren der Beherrscherin des Weltreiches erschienen. Der Gote war zu schnell angerückt, man war in keiner Weise auf eine Belagerung vorbereitet. Das gotische Heer schloß die Stadt von allen Seiten ein und besetzte auch den Hafen, so daß die afrikanischen Getreidezufuhren nicht mehr in die Stadt gelangen konnten. Ravenna blieb untätig. So mußte der Senat, da Entsatz nicht zu erwarten stand, Hunger und Seuchen in der belagerten Stadt immer mehr um sich griffen, sehr bald sich den neuen Bedingungen Alarichs unterwerfen, wiewohl man noch vor kaum einem Jahr die Zahlung von 4000 Pfund als eine unerträgliche Schmach hingestellt hatte. Alarich verstand zu verlangen: 5000 Pfund Gold, 30 000 Pfund Silber, 4000 Stück Seidengewänder, 3000 Stück rotes Leder und 3000 Pfund Pfeffer; außerdem mußten alle barbarischen Sklaven freigegeben werden und schließlich mußte es der Senat übernehmen, einen Friedensschluß zwischen Alarich und Honorius zu vermitteln. Die Stadt, der die Völker des Erdkreises gehuldigt hatten, die das Herz der Welt zu sein schien, sie mußte sich vor den gotischen Heerhaufen beugen.

Stilicho schien über seinen Tod hinaus recht zu behalten, daß das weströmische Reich sich in einen Kampf mit Alarich nicht einlassen dürfte, da es ihm auf keinen Fall gewachsen wäre. Honorius erklärte sich endlich zum Friedensschluß bereit und so gab Alarich Rom frei und zog nach Toscana hinauf, um seinen Scharen die Verpflegung zu sichern. Doch die antigermanische Richtung wollte sich noch nicht geschlagen geben. Man mußte eben die Wege einschlagen, die Stilicho vermieden hatte, um gegen Alarich Erfolg zu haben. Mit Ostrom wurden wieder freundliche Beziehungen hergestellt und zugleich gewährte Honorius dem Usurpator Constantin die Anerkennung als Mitherrscher. Man opfert, was Stilicho nicht getan hatte, die Idee des Reiches, um der Goten Herr zu werden. Der Westen und der Osten würden Hilfstruppen schicken; man wollte, da auch aus Illyrien Truppen kamen, von weiteren Verhandlungen mit Alarich nichts wissen. Der rief nun seinen Schwager Athaulf aus Panonnien mit neuen Kriegern herbei und die Regierung von

Ravenna versuchte vergeblich, eine Vereinigung der beiden zu verhindern. Da auch, wie Stilicho es ja vorausgesehen, tatsächlich Hilfe von Ostrom ebenso wenig wie von Constantin zu erreichen war, wollte man sich in Ravenna doch zum Nachgeben entschließen. Aber trotz vielem Hin und Her kam man zu keinem brauchbaren Ergebnis.

Doch wenn auch Alarich militärisch unbedingt überlegen war, er wurde durch die Schwierigkeit, seine stets anwachsenden Scharen zu verpflegen, gehemmt, und auf italischem Boden ein Gotenreich zu errichten, dazu war die Zeit noch nicht reif. So glaubte Alarich, die Lösung darin zu finden, daß er selbst dem römischen Reich eine Regierung gab, die ihm seine Forderungen erfüllen mußte. Als daher Honorius immer wieder die Verhandlungen hinauszuziehen verstand und sie schließlich völlig einschliefen, marschierte Alarich im Spätherbst 409 ein zweites Mal gegen Rom. Sehr bald mußte die Stadt auch diesmal den Wünschen des Gotenführers sich fügen. Der Senat mußte nach Alarichs Wunsch einen Kaiser einsetzen: Priscus Attalus. Der ernannte Alarich zum obersten Generalissimus, während Athaulf zum Kommandanten der Gardereiterei bestellt wurde. Doch auch dieser Versuch, unter einem Strohmann eine gemeinsame römisch-germanische Regierung zu bilden, indem die einzelnen Ämter ziemlich gleichmäßig mit Goten und Römern besetzt wurden, erwies sich sehr bald als untauglich. Denn es war ja nichts anderes als ein Einlenken – wenn auch unter anderen Formen – in die Politik Stilichos. Diese mochte vom Standpunkt des römischen Reiches aus richtig sein, konnte aber nicht die Wünsche der Germanen erfüllen. Denn diese brauchten reiches Land, um endlich sich ansiedeln zu können. Das war in Italien, das ja selbst auf Einfuhr angewiesen war, in der gewünschten Form nicht zu haben, wohl aber außerhalb Italiens. Bei der zweimaligen Belagerung Roms hatte man die reichen Vorräte kennengelernt, die aus Afrika eingeführt wurden. So richteten sich Alarichs Blicke dorthin; er wollte das Land für den von ihm gemachten Kaiser erobern. Doch hier zeigte sich sofort der Zwiespalt zwischen den beiden Gewalten. Auch Attalus wollte, ja mußte Afrika für sich erobern, da davon die Verpflegung Roms und Italiens, im weiteren Sinne der Bestand seiner Herrschaft abhing. Er konnte es aber, solange er römischer Kaiser sein wollte, niemals dulden, daß diese Provinz in der Hand der Goten sich befand, da er ja damit das römische Reich von ihnen abhängig gemacht hätte. Aber mit seinen römischen Truppen mißlang der Versuch des Attalus, sich in Afrika festzusetzen, vollständig; und als er auch jetzt noch Alarichs Hilfe im afrikanischen Feldzug ablehnte, war der Bruch unvermeidlich. Alarich setzte seinen Kaiser ab und versuchte abermals, mit Honorius sich ins Einvernehmen zu setzen. Doch auch diesmal kam man zu keinerlei Ergebnis.

Auch Alarich mußte einsehen, daß es ein Ding der Unmöglichkeit war, durch Verständigung und Vertrag mit dem römischen Kaiserreich eine germanische Herrschaft aufzurichten. Alle seine Versuche, sich und sein Volk in das römische Reich in befriedigender Form einzubauen, waren gescheitert, und so entschloß er sich nun, „als selbständiger Eroberer seine eigenen Wege zu gehen und seinen eigenen Willen zur Tat zu machen". Er zog abermals, nun zum drittenmal, gegen Rom, doch diesmal nicht mehr, um durch die Bedrängung der Stadt das römische Reich zu irgendwelchen Konzessionen zu bringen, sondern um die Stadt, die noch immer – wenigstens gefühlsmäßig – das Symbol des Reiches war, und damit, wie er offenbar meinte, das Reich selbst in seine Hand zu bringen. Die Stadt wurde eingeschlossen und der Hunger erreichte bald, was mit Waffengewalt zumindest nicht so rasch gelungen wäre. Am 24. August 410 brachen die Goten in die Stadt, die seit dem Galliereinfall in grauer Vorzeit kein Feind betreten hatte, ein. Rom, das durch Jahrhunderte die Herrin der Welt gewesen, war in der Hand der Germanen. Drei Tage lang ward geplündert; daß aber die Stadt, wie übertreibende und entstellende Berichte glauben machen wollen, damals in Trümmer gesunken wäre, gehört in den Bereich der Erfindung; man machte Beute, reiche Beute, und viele Gefangene, darunter auch die Tochter des Theodosius des Großen, Galla Placidia. Aber die Stadt blieb bestehen, ja man verließ sie sehr bald. Denn mochte es auch die gesamte Welt zutiefst erschüttern, daß die Tiberstadt von den Germanen erobert war, wenn Alarich geglaubt hatte, in der Stadt das Reich zu treffen, so mußte er bald seinen Irrtum einsehen. Ihm und seinem Volk konnte die Stadt nichts geben, er brauchte für sich und seine Herrschaft Land.

So zog man von Rom ab und marschierte durch Campanien nach Süden. Das Ziel war das gleiche, das man schon unter Attalus ins Auge gefaßt hatte: Afrika. Dort gab es reiches Land, das man besiedeln konnte, und hatte man Afrika in der Hand, dann allerdings mußte auch Italien sich beugen und den gotischen Herren als reife Frucht zufallen. Es war ein kühner Plan, der aber Zeugnis davon ablegt, daß Alarich in die wirklich tragenden und bestimmenden Kräfte volle Einsicht gewonnen hatte. Aber wenn auch der Plan richtig war, wie seine spätere Verwirklichung durch den Vandalenkönig Geiserich dartut, so waren doch die Kräfte zu seiner Durchführung noch nicht vorhanden. Bei Rhegium wollte man auf rasch zusammengezogenen Fahrzeugen die Meerenge von Messina überwinden und nach Sizilien vordringen. Doch der fachkundigen Führung entbehrend, gingen die Fahrzeuge, die den ersten Teil des Heeres hinüberbringen sollten, im Sturm verloren. Da andere Schiffe nicht verfügbar waren, mußte man zunächst von dem Plane Abstand nehmen. Es ist aber nicht anzunehmen, daß Alarich deshalb seinen Plan bereits völlig aufgab; vielmehr wird er bestrebt gewesen sein, eine neue Flotte sich zu schaffen, um den Versuch mit tauglicheren Mitteln zu erneuern. Dazu brauchte er einen Hafen. Mochte er Tarent in Aussicht genommen haben, oder, was wahrscheinlicher, Neapel, das ihm auf dem Vormarsch nach Süden erfolgreich Widerstand geleistet hatte, jedenfalls mußte er nach dem Norden zurückmarschieren. Auf dem Rückmarsch erkrankte er und starb in den letzten Tagen des Jahres 410. Bei Consentia gruben ihm seine Getreuen im Bett des abgeleiteten Busentus das Grab; über Leichnam und Schatz des Königs wurden von neuem die Wasser des Flusses geleitet, auf daß kein Feind und kein Räuber die Ruhe des großen Toten störe, der als erster Germanenherrscher den Stoß ins Herz des römischen Reiches gewagt hatte.

Leise klagen die Wellen über dem Grab des Heerkönigs, der zu früh dahingesunken, bevor noch sein kühnes Streben zur Wirklichkeit geworden: ein freies Land seinem kampfgemuten Volk.

Geiserich

Nachdem Stilicho zum Schutze von Italien gegen die an der mittleren Donau und in den Alpen vordringenden germanischen Stämme die regulären Truppen vom Rhein abgezogen hatte, konnte die dortige Bevölkerung, auf sich allein gestellt, dem Ansturm der Reichsfeinde an dem Strom, den einst Cäsar zur Grenze des Imperiums gemacht, auf die Dauer begreiflicherweise nicht genügend Widerstand entgegensetzen. Am letzten Tage des Jahres 406 überschritten die Scharen der Vandalen und Sueben, denen sich auch andere germanische und nichtgermanische Stämme wie die Alanen angeschlossen hatten, den Rhein und überfluteten, sengend und brennend, das belgische und westgallische Land. Aber sie blieben nicht in dem Lande, sondern drängten weiter nach dem Süden. Zwar scheiterte ein erster Angriff auf die Pyrenäenpässe, doch 409 überwanden sie auch diese Sperrkette und strömten nun in die spanische Halbinsel ein, die sie jahrelang plündernd nach allen Richtungen durchzogen. Erst als in dem verwüsteten Lande ihnen selbst Hungersnot und Seuchen drohten, entschlossen sie sich zu einem Vertrage mit der kaiserlichen Regierung, demzufolge die asdingischen Vandalen und die Sueben in der Landschaft Galicien, die silingischen Vandalen in der Baetica und die Alanen in Lusitanien und der Provincia Carthaginiensis als römische Föderaten angesiedelt wurden.

Doch infolge des Strebens der kaiserlichen Regierung, wieder in den Vollbesitz des Landes zu gelangen, kam es sehr bald zu neuen kriegerischen Auseinandersetzungen auf der Pyrenäenhalbinsel. In schweren Kämpfen schlossen sich die Vandalen und Alanen zu einer Einheit zusammen und konnten sich des südlichen Teiles der Halbinsel bemächtigen, wodurch sie insbesondere auch die bedeutenden Hafenplätze der spanischen Südküste und damit die Möglichkeit zur Schaffung einer eigenen Flotte gewannen. Und sehr bald fuhren auch ihre ersten Schiffe zu Plünderungszügen nach den Balearen hinüber, der römischen Welt kündend, daß ihre Offensivkraft trotz aller Verluste in Kampf und Not noch lange nicht gebrochen war.

Da starb im Jahre 428 Gunderich, der König der Vandalen und Alanen, der sein Volk vom Rhein bis an die Enge von Gibraltar geführt hatte.

Doch folgte ihm in der Herrschaft nicht einer seiner offenbar noch unmündigen Söhne, sondern sein Halbbruder Geiserich, den eine Sklavin seinem Vater geboren hatte. Schon früh war er durch hervorragende Tapferkeit und große strategische Begabung aufgefallen, wiewohl er nur von mittlerer Größe war und infolge eines Sturzes vom Pferde hinkte. Äußerst wortkarg und geradezu verschlossen, war er von zielsicherer Entschlossenheit und unzerstörbarer Tatkraft erfüllt, und ein griechischer Schriftsteller rühmt von ihm, daß er schneller etwas vollbracht hatte, ehe die anderen noch mit ihren Beratungen zu Ende gekommen waren. Diese Raschheit des Handelns und ein hohes diplomatisches Geschick waren es auch, welche ihn dazu befähigten, seinem an Zahl keineswegs überragenden Volke eine ungeahnte Vormachtstellung im Mittelmeerraum zu erringen.

Gerade zu der Zeit als Geiserich die Herrschaft über die Vandalen erlangte, war es zwischen der kaiserlichen Regierung in Ravenna und ihrem Statthalter in Afrika Bonifatius zum Bruch gekommen. Und da der Statthalter, von Norden her durch die Reichsarmee bedroht, gleichzeitig auch von den immer unruhigen maurischen Stämmen angegriffen, sich nicht stark genug fühlte, so tat er, was im damaligen Römerreich nichts Ungewöhnliches mehr war, und versuchte, den Vandalenkönig und seine Scharen zum Kriegsdienst zu gewinnen; sie sollten ihm offenbar nicht nur gegenüber der Reichsregierung helfen, sondern, dann als Föderaten auf afrikanischem Boden angesiedelt, ein tüchtiger Grenzschutz gegenüber den unruhigen Mauren sein und würden dem Lande sicher als kräftige Arbeiter nützlich werden können. So gingen seine Abgesandten an Geiserichs Hof und boten ihm und seinem Volk Land in Afrika an und

Unterweisung in der Führung der Waffen

Altgermanisches Gastmahl

versprachen auch die Bereitstellung der entsprechenden Anzahl von Transportschiffen, die zum Übersetzen des vandalischen Volkes nach der afrikanischen Küste notwendig waren.

Kein germanischer Fürst hätte solches Angebot, das seinem Volke neues fruchtbares Land, seinen Kriegern reiche Beute und herrlichen Ruhm in Aussicht stellte, abgeschlagen; auch Geiserich nahm an und sagte dem Bonifatius seine Hilfe zu. Hatte aber Bonifatius erwartet, in dem Vandalenkönig einen Helfer zu gewinnen, den er nach Gutdünken für seine eigenen Pläne verwenden könne, so hatte er sich einem schweren Irrtum hingegeben. Denn Geiserich war nicht der Mann, der seine Leute um klingenden Lohn für einen anderen auf das Schlachtfeld führte, sondern er lebte und wirkte für sein Volk und verstand es auch, die kriegerische Kraft seiner Mannen in den Dienst einer höheren Idee als der bloßen Land- und Beutegewinnung zu stellen, wodurch er dem römischen Reich viel gefährlicher wurde als die Germanenfürsten, die bisher gegen das Weltreich angekämpft hatten.

Als ihn sein Steuermann bei der Abfahrt von der spanischen Küste fragte, wohin er das Schiff lenken solle, da soll Geiserich ihm den Befehl gegeben haben: „Gegen diejenigen, welchen Gott zürnt." Damit scheint er sich auf den ersten Blick in den gleichen Gedankengängen zu bewegen, wie das Salvianus, ein christlicher Schriftsteller jener Zeit, mit den Worten ausgedrückt: „Fürwahr jene Hand Gottes, welche die Vandalen zur Bestrafung der Frevel Spaniens dorthin gezogen hatte, zwang sie, auch nach Afrika überzusetzen, um es zu zerstören." Und wenn auch so seinem politischen Tun ein religiöser Rahmen gegeben scheint, insofern die Vandalen als Anhänger des arianischen Glaubensbekenntnisses stets gegen die Katholiken auf das schärfste vorgingen, so waren dabei für Geiserich nicht die religiös-philosophischen Gegensätze bestimmend; er war selbst als Katholik aufgewachsen und ist anscheinend erst bei seinem Regierungsantritt zum arianischen Bekenntnis übergetreten, wobei unzweifelhaft politische Momente maßgebend waren. Gewiß sollte König und Volk in der gleichen Art ihr Verhältnis zu den überirdischen Mächten bestimmen, aber ebenso gewiß kam noch ein anderer Grund für Geiserich hinzu. Die kaiserliche Regierung und die Römer waren Katholiken und die geistige Einheit war für das weströmische Reich in der katholischen Lehre gegeben, die damals bereits ihren festen äußerlichen Mittelpunkt in Rom gefunden hatte. So wird der religiöse Gegensatz, den Geiserich in den Worten an seinen Steuermann zum Ausdruck brachte, zum politischen Programm. Er will sich und die Seinen dem geistigen Band des weströmischen Reiches entziehen und sich nicht mehr in das römische Reich eingliedern, sondern seinen Staat von Rom abtrennen und dazu in Gegensatz zu stellen. Dabei war es ihm vermutlich nicht so sehr darum zu tun, dem Kampf der Vandalen gegen die Römer eine religiöse Weihe zu geben, als vielmehr eine Kluft zwischen beiden aufzureißen, die sein Volk vor allem vor den Einwirkungen römischer Demoralisation schützen sollte.

Mochte man auf römischer Seite die Gefahren, die dem ideellen Bestand des Reiches von seiten des Germanenfürsten drohten, auch noch nicht erkennen, so war doch die Gefahr, daß das afrikanische Getreideland in fremde Hände fiele und damit Rom und Italien seiner Versorgung beraubt würde, schwer genug. Es kam zwischen der Reichsregierung und Bonifatius zu einem Ausgleich, und dieser bot nun auch alles auf, um Geiserich von dem Marsch nach Afrika abzuhalten; aber es war bereits zu spät.

Nachdem der Vandalenkönig die Sueben, welche in die vandalischen Sitze von Nordwesten her vorzubrechen versuchten, bei Emerita (Merida) geschlagen und ebenso ein kaiserliches Heer besiegt hatte, das offenbar seinen Übergang nach Afrika durch einen Rückenangriff hatte stören sollen, ließ er auf den zum Teil von Bonifatius gestellten Schiffen das ganze Volk, zusammen etwa 80 000 Menschen stark, die Meerenge von Gibraltar übersetzen. Es war im Mai 429, als die Vandalen und Alanen, mit ihnen auch einige westgotische Volkssplitter afrikanischen Boden betraten und den unmittelbaren Angriff auf eine der wichtigsten Provinzen des weströmischen Reiches eröffneten. Bedenkt man, daß sie dabei über kaum 16 000 wehrfähige Männer verfügt haben können und in ihren Bewegungen durch die mitziehende Masse der Greise, Weiber und Kinder auf das schwerste behindert wurden, dann erst kann man die Leistung ihrer Führer voll werten. Es ist nur ein bescheidener Einblick in die vielen notwendigen organisatorischen Maßnahmen, die Geiserich in planmäßiger Arbeit und hervorragender Umsicht damals getroffen haben muß, wenn wir erfahren, daß die wandernde Volksmenge in achtzig Tausendschaften gegliedert und jede dieser Tausendschaften einem besonderen Anführer unterstellt wurden.

Zunächst richtete Geiserich den Angriff auf die mauretanischen Provinzen, wo ihm nirgends ernster Widerstand begegnete, da die Städte ohne jede Befestigung waren und es seinem diplomatischen Geschick sehr bald gelang, die Mauren für sich zu gewinnen; da er aber nicht nur die Römer bekriegte, sondern auch die katholische Kirche, so war ihm vom ersten Tage an auch die Gefolgschaft der in Afrika sehr bedeutenden Sekte der Donatisten sicher. So war es auch in erster Linie die katholische Geistlichkeit, gegen die sich die Wut der Eindringlinge richtete, mit denen zusammen die Donatisten nun blutige Rache nahmen für all die grausamen Verfolgungen, welche sie während der letzten Jahrzehnte von katholischer Seite her erduldet hatten. Kirchen und kirchliche Gebäude wurden geplündert und zerstört, Priester erschlagen und Nonnen geschändet und unter Mißhandlungen in die Sklaverei geschleppt. Und auch sonst mag manche Verwüstung und Greueltat vorgefallen sein, die keine Rechtfertigung erlaubt; doch wenn der Einbruch der Vandalen in Afrika als besonders furchtbar geschildert wird, so darf man niemals übersehen, daß die Berichte fast ausschließlich von katholischer Seite und nur von den erbittertsten Gegnern der Vandalen stammen, so daß ihnen Objektivität bloß in geringem Maße zuzuschreiben ist.

Als dann Geiserich im nächsten Frühjahr (430) mit seinen Scharen an der numidischen Grenze erschien, wollte ihm hier Bonifatius an der Spitze der kaiserlichen Truppen den weiteren Vormarsch versperren. Doch dem Ansturm der vandalischen Krieger waren seine Leute nicht gewachsen und so war Geiserich nach diesem überragenden Sieg in offener Feldschlacht unbedingter Herr des flachen Landes. Die Römer mußten sich eilends nach Hippo Regius zurückziehen, um wenigstens die Verbindung mit dem Meere sich zu erhalten. Den Befestigungen dieser Stadt war allerdings die vandalische Belagerungskunst nicht gewachsen. Und die Belagerung zog sich bis in den Sommer 431 hinein und noch immer leistete die Stadt Widerstand.

Inzwischen war es der Reichsregierung in Ravenna gelungen, auch Ostrom zur Hilfeleistung im Kampf gegen die Vandalen zu gewinnen und unter der Führung Aspars landete ein oströmisches Heer in Afrika. Natürlich mußte Geiserich die Belagerung von Hippo Regius abbrechen, da seine Truppen nicht ausreichten, um den Belagerungsring aufrecht zu erhalten und gleichzeitig gegen die Landungsarmee vorzugehen, die für ihn die größte Gefahr darstellte. Wohl konnte er die Vereinigung zwischen Bonifatius und Aspar nicht verhindern, aber in der Schlacht setzte sich schließlich doch die Kriegstüchtigkeit der Vandalen durch und das römische Heer wurde bis zur Vernichtung geschlagen. Geiserich hatte nun freie Hand und konnte auch der Reihe nach die einzelnen Städte einnehmen, bis auf Cirta und Carthago. Doch wenn auch der Erfolg auf Seite der Vandalen war, durfte man nicht übersehen, daß in den jahrelangen Kämpfen die wehrfähige Mannschaft wie auch das Volk als Ganzes schwere Opfer gebracht hatte, so daß ein Überspannen der Kräfte nur zu leicht alles bisher Erreichte in Frage stellen konnte. Diese Gefahr erkannt und auch berücksichtigt zu haben, läßt Geiserich als wahren Staatsmann erscheinen. Er gab sein Ziel nicht einen Augenblick preis, aber er verstand es, sich für den Augenblick mit dem Möglichen zu begnügen; zunächst brauchte er für sein Volk eine Ruhepause und die Möglichkeit, in dem neuen Lande sich festzusetzen und einzurichten. Und das weströmische Reich, durch die militärischen Erfolge der Vandalen und den tatsächlichen Verlust der afrikanischen Kornkammer aufs schwerste betroffen, war schwach genug, dem allerdings äußerst verlockenden Friedensangebot Geiserichs stattzugeben. Er begnügte sich für seine Vandalen mit einem Teil der afrikanischen Diözese als Föderatenland und hat sogar den einen und anderen Landstrich, den er schon besetzt hatte, wieder geräumt. Vermutlich erklärte er sich auch bereit, gewisse Getreidelieferungen nach Rom sicherzustellen, so daß man am kaiserlichen Hof wirklich meinen mochte, den vandalischen Fürsten übertölpelt zu haben. Am 11. Februar 435 wurde zu Hippo Regius der Friedensvertrag abgeschlossen.

Aber wenn man auch in Ravenna glaubte, die Vandalengefahr beschworen zu haben und sich der trügerischen Hoffnung hingab, in den Kriegern Geiserichs einen billigen Grenzschutz gegen die maurischen Stämme gewonnen zu haben, so zeigte man nur, daß man die Größe dieses vandalischen Fürsten nicht erkannte. So spärlich auch die Nachrichten fließen, so lassen sie doch erkennen, daß Geiserich unablässig an dem Ausbau seiner Herrschaft und der Wiedererstarkung seines Volkes arbeitete und daß er von einer Verständigung mit dem römischen Reiche weiter denn je entfernt war. An seinem Hof war jetzt für keinen Katholiken Platz, wobei wir Katholik mit Römer gleichsetzen dürfen; und wir erfahren, daß vier Römer aus Spanien, welche in seiner unmittelbaren Umgebung gelebt hatten und von ihm jederzeit mit Auszeichnung behandelt worden waren, hingerichtet wurden, weil sie nicht zum Arianismus übertreten wollten. Doch in Ravenna verstand man diese Anzeichen nicht. Man war mit dem Friedensvertrag vollkommen zufrieden und dachte in keiner Weise auch nur an die bescheidensten Sicherungsmaßnahmen für den noch verbliebenen afrikanischen Besitz.

Diese straflose Sorglosigkeit machte Geiserich sich zunutze und überfiel in der zweiten Oktoberhälfte 439 Carthago, wo kaum eine Hand sich zur Verteidigung erhob. Die Stadt wurde vollständig geplündert, alles Geld und die Kostbarkeiten mußten abgeliefert werden, die katholischen Kirchen wurden zum Teil zerstört, zum Teil den Arianern übergeben. Und die Reichsregierung konnte nichts dagegen unternehmen; in Afrika verfügte sie über keine nennenswerten Machtmittel und von Italien aus konnte man während des Winters keine Transporte hinüberschaffen; man mußte ruhig zusehen, wie Geiserich nun die ganze afrikanische Provinz besetzte und gleichzeitig an die Schaffung einer gewaltigen Flotte schritt. Die Arsenale und Werftanlagen von Carthago gaben ihm dazu reiche Möglichkeit. Denn daß das römische Reich auf die Dauer den Gewaltstreich nicht ruhig hinnehmen würde, lag auf der Hand. Dem aber war Geiserich entschlossen zuvorzukommen, so daß Ravenna gar nicht an einen Vorstoß nach Afrika denken konnte, sondern alle seine Kräfte auf den Schutz der italischen Küsten zu verwenden genötigt war. Man ließ die Befestigungen von Rom ausbessern, machte es den Bürgern zur Pflicht, sich selbst zu verteidigen, schritt zu neuen Aushebungen und suchte, Ostrom zu einer gemeinsamen Aktion gegen den Friedensstörer zu gewinnen.

Während so die Reichsregierung vollkommen in die Defensive gedrängt war, ging Geiserich im Frühjahr 440 mit der neu geschaffenen vandalischen Flotte nach Sizilien hinüber, Tod und Schrecken verbreitend; nur Panormus (Palermo) konnte sich halten. Als Geiserich dann selbst auf die bruttische Halbinsel hinüberging, erlitt er zwar eine Schlappe, doch war der Erfolg des ganzen Unternehmens so bedeutend, daß er mit Recht den stolzen Titel eines „Königs des Festlandes und des Meeres" annehmen konnte. Tatsächlich stellte seine neue Flotte ja auch eine Macht dar, der das weströmische Reich nichts auch nur annähernd Gleichwertiges entgegenstellen konnte, so daß die Vandalen das westliche Mittelmeerbecken unbedingt beherrschten. Doch in diesem Titel kommt nicht allein dieser Umstand zum Ausdruck. Wir müssen berücksichtigen, welch großes Gewicht die Beherrscher des römischen Reiches zumal in späterer Zeit darauf legten, sich als die Herren der gesamten bewohnten Erde zu bezeichnen, um zu erkennen, in welch hohem Grade Geiserich durch diesen Titel den Weltherrschaftsansprüchen der römischen Imperatoren mit einem selbständigen Herrschaftsideal entgegentrat; andererseits darf nicht übersehen werden, daß die anderen germanischen Könige wie zuletzt erst Alarich, sich um den Titel eines römischen Generals, um das Patriziat oder das Konsulat bemühten und sich mit dieser Anerkennung römischerseits meist zufrieden gaben, um die Besonderheit von Geiserichs Verhältnis zum römischen Imperium herauszustellen.

Wenn aber Geiserich nicht versuchte, den Besitz von Sizilien festzuhalten, sondern nach ausgiebigen Plünderungen und Katholikenverfolgungen wieder nach Afrika zurückkehrte, so werden ihn dazu insbesondere auch die Rüstungen des Ostreiches bestimmt haben. Im Frühjahr landete eine große oströmische Flotte auf Sizilien, um von hier aus gegen Afrika vorzugehen. War es die Vielköpfigkeit des Kommandos, die keinen einheitlichen Entschluß gewinnen ließ, oder war es die Geschicklichkeit Geiserichs, der vielleicht die feindlichen Führer hintanzuhalten wußte, jedenfalls verging das ganze Jahr tatenlos und preßte der unglücklichen von Geiserich schon verwüsteten Insel die letzten Kräfte aus. Im nächsten Frühjahr mußte die oströmische Flotte heimkehren, da das Ostreich selbst von den Hunnen angegriffen wurde. Wieder stand der Westen dem siegreichen Vandalenkönig allein gegenüber, und wieder bot dieser einen Frieden, der der Reichsregierung mehr zu geben schien, als der kühnste Träumer hätte erwarten können. Geiserich wollte sich mit den Landschaften Zeugitana und Bysacena und einem Teil von Numidien begnügen, die ihm freilich nicht als Föderatenland, sondern als Besitz eines selbständigen Herrschers zuerkannt werden sollten. Dafür war er bereit, Mauretanien und den Rest von Numidien wieder dem Kaiser zurückzugeben, für geregelte Kornlieferungen nach Rom zu sorgen und seinen Sohn Hunerich als Geisel an den kaiserlichen Hof zu schicken. Es ist verständlich, daß die kaiserliche Regierung dieses Angebot annahm; der Friede ward geschlossen.

Auffällig mag die Mäßigung Geiserichs erscheinen, aber sie war ebenso wie beim ersten Vertrag in den politischen Plänen des Vandalenkönigs begründet. Denn so hatte er mit geringen Blutopfern die Anerkennung als selbständiger Herrscher erreicht und zugleich die fruchtbarsten afrikanischen Landschaften gewonnen. Damit hatte er aber auch die Versorgung Roms und des weströmischen Heeres nahezu vollkommen in der Hand. Von diesem Besitz konnte er aber auch jederzeit auf die anderen afrikanischen Länder übergreifen, ohne daß die kaiserliche Regierung ihm ernsten Widerstand hätte entgegensetzen können. Dazu aber kam, daß er Ruhe von außen her bedurfte, um im Innern entsprechend durchgreifen zu können.

Es lag auf der Hand, daß der Vandalenstaat an der nordafrikanischen Küste sich auch gegen eine schwache weströmische Regierung nur halten konnte, solange er selbst stark war. Das konnte aber angesichts des zahlenmäßigen Verhältnisses nur erreicht werden, wenn das vandalische Volk in unbedingter Geschlossenheit hinter der einheitlichen Führung stand. Diese schien aber Geiserich nur erreichbar, wenn die Freiheiten des Adels und Sonderbestrebungen vornehmer Familien unmöglich gemacht würden. Gerade damals jedoch breitete sich unter den

Edlen des Volkes eine Verschwörung gegen den König aus, welche anscheinend die Söhne seines Bruders Gunderich auf den Thron erheben wollte. Mit eiserner Strenge, auch seine nächsten Anverwandten nicht schonend, griff Geiserich durch und ersparte seinem Volke so einen folgenschweren Bruderkrieg im eigenen Land. Es scheint nicht ausgeschlossen, daß in diese Verschwörung auch die Gemahlin seines Sohnes Hunerich, die Tochter des Westgotenkönigs Theodorich, verwickelt war; jedenfalls wurde sie mit abgeschnittenen Ohren und Nase zu ihrem Vater heimgesandt. Und in den nächsten Jahren ist das Verhältnis zwischen den Westgoten und dem Reiche des Geiserich gespannt, so daß er vielleicht auch dadurch mit veranlaßt wurde, die westafrikanischen Landschaften wieder den Römern zu überweisen, um zwischen sich und den Westgoten in Spanien einen ungefährlichen Pufferstaat erstehen zu lassen. Angesichts dieser Ereignisse könnte man sogar daran denken, daß die Geiselschaft seines Sohnes Hunerich vielleicht gewählt wurde, um ihn möglichen Nachstellungen von Anhängern der Familie Gunderichs zu entziehen.

Doch wie dem auch im einzelnen sein mag, Tatsache ist, daß Geiserich den geplanten Anschlag auf seine herrscherliche Macht restlos abwehrte und gleichzeitig sein Volk zu einem engen Zusammenschluß vermochte. Sie wurden geschlossen in der Provinz Zeugitana rings um Carthago angesiedelt und erhielten das Land, wo die bisherigen Grundeigentümer entweder vertrieben oder zu Hörigen gemacht worden waren, in erblichen Landlosen zugewiesen. Damit sollte nicht nur die wirtschaftliche Grundlage für das vandalische Volk gesichert werden, sondern auch in der geschlossenen und von den Römern im allgemeinen abgesonderten Siedlungsart die völkische Einheit und Reinheit gewährleistet sein. Gewiß machte eine derartige Massierung des Herrenvolkes an einer Stelle des Staates eine vollkommene Durchdringung des gesamten Herrschaftsgebietes von vandalischer Seite her unmöglich; aber Geiserich war die Erhaltung des eigenen Volkes eben wichtiger als die gleichartige Konstruktion eines Territorialstaates, und so nahm er es in Kauf, daß in den übrigen Teilen des Reiches, die nicht von den vandalischen Siedlungslosen eingenommen waren, die Besitzverhältnisse der Römer im allgemeinen unangetastet blieben, wenn auch prinzipiell das Land als Eigentum des Vandalenstaates bzw. seines Königs galt. Daraus erklärt es sich auch, daß in diesen Gebieten das System der römischen Verwaltung mit ihrem Beamtenapparat beibehalten wurde und daß hier auch die katholische Religionsübung gestattet blieb, während in dem rein vandalischen Gebiet die katholischen Kirchen aufgehoben und die katholische Geistlichkeit vertrieben worden war. Das zeigt am deutlichsten, daß es Geiserich nicht im allgemeinen um die Bekämpfung der katholischen Lehre zu tun war, sondern daß er nur in diesem Belange eine Internationalisierung seines Volkes, um dessen Einheit er in erster Linie bemüht war, unbedingt und mit allen Mitteln ablehnte.

Doch so sehr diese Maßnahmen darauf abzielten, die völkische Einheit der Vandalen und der ihnen angeschlossenen und mit ihnen bereits zusammengewachsenen anderen germanischen Stammteile zu erhalten, so läßt schon dieser aus dem Friedensvertrag von 442 geborene Vandalenstaat erkennen, daß Geiserich und sein Volk sich dem imperialistischen Staatsgedanken, wie ihn im Mittelmeerraum am glänzendsten das Imperium Romanum entwickelt hatte, auch nicht ganz entziehen konnten.

Dieser Gedanke tritt in Geiserichs Politik bereits im Jahre 445 bestimmend hervor, als er seinen Sohn Hunerich sich mit der Tochter des weströmischen Kaisers Valentinian III. Eudokia verloben ließ und damit für die Zukunft ein starkes Interesse an dem weströmischen Kaiserthron zu erkennen gab. Es ist selbstverständlich, daß die Geiselschaft des zukünftigen kaiserlichen Schwiegersohnes damit ihr Ende fand und Hunerich wieder an den heimatlichen Hof zurückkehrte. Es steht wohl auch im Zusammenhang mit dieser Annäherung Geiserichs an Westrom, wenn damals von der vandalischen Flotte ein Plünderungszug nach der nordwestspanischen Landschaft Galicien unternommen wurde. Doch wenn auch dieser Vorstoß im Sinne der kaiserlichen Regierung gelegen scheinen mochte, so war Geiserich weit davon entfernt, sich zum Handlanger der Potentaten von Ravenna herzugeben; vielmehr wußte er seine eigenen Interessen zu vertreten, die in letzter Linie immer gegen die Regierung von Ravenna gerichtet waren.

Es ist verständlich, daß Geiserichs Vorstoß nach Spanien eine entsprechende Reaktion auslöste, und es kam bald darauf zu einem engen Bündnis zwischen den Sueben und dem Reiche der Westgoten, so daß hier am Westrand des Mittelmeeres eine bedeutende Macht entstand. Richtete sie sich auch in erster Linie gegen das weströmische Reich und konnte sie auch mangels einer Flotte zunächst dem Staate des Geiserich unmittelbar nicht gefährlich werden, so konnte es doch nicht in dessen Absichten gelegen sein, hier eine Macht erstarken zu lassen, die im Kampfe um das Westbecken des Mittelmeeres eine ausschlaggebende Rolle spielen konnte. Er ging deshalb nicht selbst gegen die Sueben in Spanien und die Westgoten in Aquitanien vor, sondern knüpfte Verbindungen mit Attila, dem Beherrscher des weitgedehnten Hunnenreiches an, das damals auf dem Höhepunkt seiner Machtentwicklung stand.

Die Großzügigkeit in Geiserich politischem Planen, dessen Genialität schon ein antiker Historiker mit der Bemerkung zu kennzeichnen versuchte, daß der Vandalenkönig äußerst geschickt die einzelnen Völker gegeneinander auszuspielen verstand, erscheint dabei im hellsten Licht; zugleich läßt sich trotz der Trümmerhaftigkeit der Überlieferung noch erkennen, daß auch hierbei für Geiserich die Auflösung des weströmischen Reiches als letztes Ziel dahinterstand. Gewiß sollte Attila zunächst seinen Stoß gegen die Westgoten richten; aber dadurch hätte das weströmische Reich eines gewiß nicht immer angenehmen, jedenfalls nicht unbedeutenden Helfers gegen Geiserich beraubt werden sollen; andererseits hätte aber Attila nach der Niederwerfung der Westgoten das Reich von Ravenna im Norden von Pannonien bis an die Pyrenäen umfaßt, so daß die ravennatische Regierung rettungslos Geiserich ausgeliefert gewesen wäre. Und es will scheinen, als ob Geiserich noch Größeres plante. Man muß sich erinnern, daß sein Sohn, mit der Kaisertochter Eudokia verlobt, nach Vollzug der Ehe Mitgiftsansprüche an das weströmische Reich stellen konnte. Da muß es besonders auffällig erscheinen, daß gerade damals, als Attila mit Geiserich in Verbindung trat, auch der Hunnenkönig die Schwester des Kaisers ehelichen wollte und bei den Verhandlungen schließlich die Forderung nach der Hälfte des kaiserlichen

Herrschaftsgebietes als Mitgift stellte; wenn dabei Attila anscheinend den gallischen Reichsteil im Auge hatte, woran Geiserich, dessen Absichten auf die Inseln und Italien gerichtet waren, kein Interesse hatte, so gewinnt man den Eindruck, daß hier Geiserich seine eigenen Pläne Attila mundgerecht gemacht hatte und zwischen den beiden machtvollen Persönlichkeiten Verabredungen getroffen waren, die auf eine Auflösung des weströmischen Reiches hinausliefen.

Freilich glückte dieser großzügige Plan nicht, da Attilas Heer von den Römern auf den katalaunischen Feldern überwunden wurde. Da Geiserich in den Kampf aktiv nicht eingegriffen hatte, wenn auch vielleicht die in Italien im Winter 450 auf 451 wütende Hungersnot nicht ohne sein Zutun eingetreten war, so war er mit dem Mißerfolg der Hunnen äußerlich nicht weiter belastet. Offiziell blieb das freundschaftliche Verhältnis zwischen dem Vandalenstaat und der kaiserlichen Regierung ungetrübt erhalten und diese durfte es als einen gewissen Erfolg für sich buchen, wenn Geiserich im Jahre 454 selbst die Wahl eines katholischen Bischofs in Karthago zuließ.

Daß das für Geiserich nur Äußerlichkeiten waren und er nach wie vor mit größer Sorgsamkeit die Entwicklung in Italien verfolgte, zeigte sich, als nach der Ermordung des Kaisers Valentinian III. am 17. März 455 Petronius Maximus zum Kaiser ausgerufen wurde; wenn der neue Kaiser die Kaiserinwitwe zwang, sich sofort mit ihm zu vermählen, und die Tochter Eudokia, die doch mit dem Vandalenprinzen Hunerich verlobt war, mit seinem eigenen Sohn verheiratete, so geschah das nicht ohne Grund. Nicht nur sich selbst wollte er dadurch eine entsprechende Legitimität sichern, sondern vor allem auch jegliche Ansprüche von vandalischer Seite auf weströmischen Besitz mit einem Schlag zunichte machen. Doch Geiserich war nicht der Mann, solches Vorgehen sich bieten zu lassen. Es ging in Rom zwar das Gerücht um, daß die Kaiserinwitwe selbst ihn brieflich zur Rache an den Mördern ihres Gemahls aufgerufen hätte; doch dessen bedurfte es nicht, ganz abgesehen davon, daß diese Botschaft der Kaiserin jeder inneren Wahrscheinlichkeit entbehrt. Jedenfalls war Geiserichs Flotte binnen kurzem zum Auslaufen bereit, was Organisation und Schlagfertigkeit der vandalischen Streitmacht klar in Erscheinung treten läßt. Schon Ende Mai traf in Rom die Schreckensbotschaft von Geiserichs Landung an der Tibermündung ein. Entsetzen erfüllte die völlig überraschte Stadt, wo jeder, der Kaiser allen voran, nur an Flucht dachte; die wütende Menge erschlug den Feigling im Purpur am 31. Mai 455 in den Straßen von Rom, und schon am 2. Juni hielt Geiserich seinen Einzug in die ewige Stadt. Papst Leo, der mehr Mut als der Imperator in diesen Tagen der Not bewies, erreichte die Zusicherung, daß Brand und Mord unterbliebe. Und Geiserich hatte seine Leute, nicht nur die vandalischen Krieger, sondern auch die maurischen Hilfsvölker derart in der Hand, daß dieses Versprechen auch restlos eingehalten wurde. Doch alles, was an Gold und Kostbarkeiten die Stadt noch barg, mußte abgeliefert werden; der Papst selbst mußte die goldenen und silbernen Kirchenschätze dem Sieger ausliefern, und zwei Wochen lang schleppten die Vandalen auf ihre Schiffe, was ihnen in der Stadt wertvoll schien. Es war aber nicht allein das Metall, das ihr Verlangen erregte, sondern auch die Menschen, und zwar besonders qualifizierte Arbeiter. Schon das zeigt, daß man nicht blinde Wut an einer gewonnenen Stadt auslassen wollte, sondern ganz bestimmte Ziele systematisch verfolgte. Die finanziellen und technischen Mittel des Vandalenreiches sollten auf Kosten des weströmischen Reiches entsprechend gehoben werden. Nur ein überlegener politischer Wille, wie er eben in Geiserich verkörpert war, kann einen derart systematischen „Raubzug“ durchführen. Ganz besonders wird aber das politische Moment dieser Unternehmung darin erkennbar, daß sich unter den zahlreichen Gefangenen auch die kaiserlichen Frauen befanden: die Kaiserinwitwe und ihre beiden Töchter, von denen nun Eudokia den früheren Abmachungen gemäß sich Hunerich vermählen mußte. Und wenn bei der Rückfahrt die campanische Landschaft verwüstet wurde, so sollte damit besonders die maritime Widerstandskraft Italiens geschwächt werden. Es ist eigentlich selbstverständlich, daß Geiserich jetzt auch die restlichen afrikanischen Landschaften, die bislang noch unter römischer Oberhoheit gestanden hatten, dem vandalischen Staate angliederte. Von der Grenze Kyrenes (Cirenaica) bis an die Säulen des Herkules war nun die nordafrikanische Küste in einem Reiche zusammengeschlossen, wobei es von besonderer Bedeutung war, daß Geiserich es verstand, auch die maurischen Stämme zu treuer Gefolgschaft zu gewinnen.

Auf diese Macht gestützt, gegen die noch so beredte Gesandtschaften von Ravenna oder Byzanz, wo man sich für die Herausgabe der kaiserlichen Frauen einsetzte, nichts auszurichten vermochten, konnte er jetzt auch dem Plane nähertreten, seine Herrschaft auf die großen Inseln zwischen Afrika und Italien auszudehnen. Tatsächlich lief auch schon im nächsten Frühjahr eine vandalische Flotte aus, um Sizilien und auch Korsika zu verheeren; wohl konnte die Reichsregierung durch Teilerfolge eine dauernde Besetzung dieser Inseln durch die Vandalen vorläufig noch verhindern, aber zur Offensive überzugehen, war sie nicht imstande. Vielmehr blieben auch weiterhin die Vandalen Geiserichs die Herren des Meeres und wiederholten in den folgenden Jahren ihre Raubzüge, die sie diesmal bis nach Campanien führten.

Angesichts der völligen Ohnmacht zur See entschloß man sich jetzt auf seiten der kaiserlichen Regierung, eine neue Flotte aufzubauen; nicht weniger als 300 Einheiten nahm man in Aussicht. Doch wollte man damit Geiserich nicht zur See entgegentreten; vielmehr beabsichtigte man, über Spanien und die Meerenge von Gibraltar ein großes Heer nach Afrika hinüberzuführen und so den Krieg auf vandalisches Gebiet hinüberzuspielen. Diesen Vorbereitungen gegenüber traf auch Geiserich seine Maßnahmen und leitete mit den Sueben in Spanien Verhandlungen ein, vermutlich, um sie zum Kampf gegen die Römer zu gewinnen. Als er damit keinen Erfolg erzielte, bot er den Römern selbst Frieden an, erfuhr aber hier Ablehnung. Denn im Vertrauen darauf, daß Marcellinus, der damals in Dalmatien sich eine zwischen dem ost- und weströmischen Reiche stehende Herrschaft begründet hatte, seine Flotte und ein hauptsächlich aus Hunnen bestehendes Heer im Einverständnis mit der weströmischen Regierung nach Sizilien ausziehen ließ, fühlte man sich Geiserich überlegen. Gewiß war auch seine Lage angesicht des drohenden Doppelangriffes keineswegs günstig, aber er zeigte sich den Schwierigkeiten gewachsen, indem er sich nicht dazu verleiten ließ, seine Kräfte dem Willen der Angreifer gemäß zu zerspalten. Die größere Gefahr drohte von Sizilien, daher massierte Geiserich seine Hauptkräfte hier um Karthago; um aber gegen den Angriff von Spanien her geschützt zu sein, ließ er in Mauretanien die Gebiete, durch die die Römer ziehen mußten, verwüsten und die Brunnen vergiften; außerdem gelang es ihm, die von den Römern in Neukarthago (Carthagena) zusammengezogene Transportflotte durch einen Handstreich größtenteils wegzunehmen. Damit war die kaiserliche Armee jeder Bewegungsmöglichkeit beraubt, und allein von Sizilien her Geiserich anzugreifen, wagte man nicht. Geiserich bot neuerlich den Frieden an, den das weströmische Reich annehmen mußte, wollte es nicht Sizilien und Italien einem vernichtenden Angriff Geiserichs preisgeben. Wie bedeutend dieser rein strategische Sieg Geiserichs war, geht am deutlichsten daraus hervor, daß der Vandalenkönig die Balearen, Sardinien und Korsika verlangen konnte und auch tatsächlich abgetreten bekam. Von diesen Neuerwerbungen aus konnte er nicht nur die spanische Ostküste und die Westküste Italiens bedrohen, sondern war auch in gefährliche Nähe von Gallien gerückt. Und Westrom konnte nichts unternehmen, da es keine nennenswerte Flotte besaß. Als Geiserich im Jahre 461 wieder Unteritalien und Sizilien plündern ließ, mußte man sich mit einem papierenen Protest begnügen, wobei man nur den einen sehr bescheidenen Erfolg zu verzeichnen hatte, daß auch die Regierung von Byzanz bei Geiserich Vorstellungen erhob und auch wieder die Forderung nach Auslieferung der kaiserlichen Frauen aussprach.

Tatsächlich schien auch Geiserich zu einigem Entgegenkommen bereit. Er entließ die Kaiserinwitwe und ihre jüngere Tochter Placidia und deren Gemahl Olybrius an den oströmischen Hof, verlangte aber gleichzeitig die Auslieferung des gesamten Vermögens des früheren Kaisers Valentinian III., des Vaters seiner Schwiegertochter, und daß bei der nächsten Vakanz Olybrius auf den weströmischen Thron erhoben würde. Da aber anscheinend nur Ostrom den valentinianischen Vermögensteil auslieferte, nicht aber Westrom, so wurden die vandalischen Raubzüge nach den italischen Küsten alljährlich wiederholt. Als dann aber der weströmische Thron frei wurde, man ihn aber

Alarichs Bestattung im Busento

Großer Runenstein von Jellinge, Jütland, mit Christusbild

nicht gemäß den eingegangenen Vereinbarungen mit Olybrius, dem Kandidaten Geiserichs, sondern mit Anthemius (467–472) besetzte, da erklärte Geiserich auch Ostrom den Krieg und begann nun, auch die griechischen Küsten und Inseln zu brandschatzen. Schrecken erfüllte nun auch das Ostbecken des Mittelmeeres vor den Schiffen der Vandalen und selbst in Alexandria zitterte man schon vor dem Tage, da eine Vandalenflotte auf der Reede erscheinen würde.

Hatte man in Ostrom bisher die Vandalenfrage immer etwas nebensächlich behandelt, so wollte man die Verwüstungen Griechenlands nicht ruhig hinnehmen und bereitete ein gemeinsames Vorgehen mit der weströmischen Regierung vor. Energisches Auftreten schien um so dringender geboten, als Geiserich in der letzten Zeit wieder Verbindungen mit den Sueben angeknüpft hatte und selbst mit den Westgoten, um eine gemeingermanische Koalition gegen Westrom zustande zu bringen. Zwar waren die Verhandlungen steckengeblieben, aber man konnte doch nicht wissen, ob es nicht Geiserichs Geschick gelang, diese Pläne zu verwirklichen.

Unter Anspannung aller Kräfte wurde gerüstet; von drei Seiten her wollte man dieses Mal Geiserich angreifen und hoffte, so seine Macht brechen zu können. Ein Heer drang von Ägypten gegen Tripolitanien vor und konnte auch siegreich eine Stadt nach der anderen erobern, da auch diesmal Geiserich wieder sich in keinen Kampf in den Außengebieten einließ, sondern alle seine Kräfte um Karthago zusammenzog. So konnte auch Marcellinus unschwer Sardinien erobern, da er auf fast keinen Widerstand stieß. Und die große oströmische Flotte, welche von Basiliskos befehligt wurde, konnte, von Sizilien vorgehend, am Vorgebirge des Merkur gegenüber von Karthago vor Anker gehen. Mancher im kaiserlichen Lager mochte sich bereits der Hoffnung hingeben, daß der Sieg schon errungen sei; stand man doch vor der Hauptstadt des Feindes, der keine Gegenwehr gewagt und kampflos weite Strecken seines Gebietes preisgegeben hatte. Nicht einmal die so gefürchtete Flotte war wirklich eingesetzt worden. Ja, er schien auch weiterhin keinen Kampf wagen zu wollen, kamen doch von Geiserich Gesandte zum oströmischen Admiral und boten 2000 Goldpfund für einen fünftägigen

Waffenstillstand; diese Gnadenfrist gegen schönes, rotes Gold nicht zu gewähren wäre töricht gewesen, denn die Vandalen hatten ja doch keine Aussicht auf Sieg, wo man in Ostrom 1100 Schiffe und rund 100 000 Mann aufgeboten hatte, denen Geiserich etwa nur ein Viertel an Streitkräften entgegenstellen konnte. Also bewilligte man großzügig den Waffenstillstand.

Aber es behielt Geiserich recht. Während der fünf Tage kam endlich der Westwind auf, für den er die 2000 Goldpfund geopfert hatte. In der Nacht noch ließ er die Brander gegen die römische Flotte los und ließ zugleich seine eigenen Einheiten zum Angriff vorgehen. Mühsam wehrten sich die Oströmer gegen das Feuer, und wer diesem entkam, fiel den vandalischen Siegern in die Hand. Wenige Stunden hatten über das Schicksal der glänzenden oströmischen Armada entschieden. Nur ein geringer Teil, dem die aus Sardinien herbeigerufene Hilfe auch nichts mehr nützen konnte, entzog sich der Vernichtung; aber an eine Fortführung des Krieges war, zumal nach der Ermordung des Marcellinus auf Sizilien, nicht mehr zu denken. Gestützt auf die in Tripolitanien erzielten Erfolge, mußte man in Byzanz froh sein, einen Sonderfrieden mit Geiserich zu erreichen. Tripolitanien mußte wieder geräumt werden, und Ostrom mußte sich offenbar auch zu unbedingter Neutralität im Kampf Geiserichs gegen Westrom verpflichten.

Geiserich konnte unschwer Sardinien zurückerobern und besetzte auch Sizilien, das Land, das noch einigermaßen die Ernährung Roms nach dem Verlust der afrikanischen Gebiete getragen hatte. Da er gleichzeitig auch ein Bündnis mit den Westgoten zu gemeinsamem Kampf gegen die kaiserliche Regierung in Ravenna zustande brachte, so war jeder Widerstand auf die Dauer aussichtslos. Und so mußte man jetzt auf Geiserichs Forderung eingehen und Olybrius zum weströmischen Augustus erheben.

Damit hatte Geiserich 471 den Höhepunkt seiner Macht erreicht. Die gesamten afrikanischen Landschaften waren sein unbestrittener Besitz und ebenso die Inseln des westlichen Mittelmeeres von den Balearen bis Sizilien, so daß Italien wirtschaftlich vollkommen von ihm abhängig war und auch die italische Westküste unbedingt unter seiner militärischen Kontrolle stand. Der Kaiser Olybrius war nicht nur Herrscher von Geiserichs Gnaden, sondern war ja auch der Schwager des vandalischen Erbprinzen Hunerich, so daß das weströmische Kaiserreich fast nur ein Klientelstaat des Vandalenreiches zu sein schien.

Freilich hatte diese politische Bildung keine Beständigkeit. Schon im nächsten Jahre 472 starb der Kaiser Olybrius. Es wäre nicht undenkbar, daß des Olybrius Nachfolger auf dem Thron von Ravenna Glycerius seine Würde im Einvernehmen mit Geiserich erhalten hatte, aber Ostrom wollte sich doch noch nicht mit dieser vandalischen Vormachtstellung im weströmischen Reiche abfinden. Sie wollte ihren eigenen Vertrauensmann in Ravenna an der Macht sehen und hatte hierzu Julius Nepos auserwählt, der auch im Juni 474 den Purpur erhielt. Die Folge davon war, daß Geiserich sofort wieder die Plünderungszüge aufnahm, zwar nicht gegen Italien, wo die neue kaiserliche Regierung Nepos verjagte und sich Geiserichs Wünschen gefügig zeigte, wohl aber gegen Griechenland. Dieser neuerlichen Kriegsdrohung gegenüber gab Ostrom nach und es kam wieder zu einer Verständigung mit Geiserich, der im Hinblick auf den restlosen Verzicht Ostroms auf Italien sogar zu bescheidenen religiösen Konzessionen bereit war und die Erneuerung des katholischen Gottesdienstes in Karthago gestattete. Er konnte hierin sich um so leichter entgegenkommend zeigen, als ja auch Odoaker, nachdem er am 25. August 476 die Herrschaft in Italien an sich gebracht hatte, mit Geiserich ein Bündnis abschloß, das letzten Endes gegen niemand anderen als gegen Ostrom gerichtet war. Welche Bedeutung für Geiserichs Politik dieser Zusammenschluß seiner eigenen Kräfte mit denen Italiens hatte, geht am deutlichsten daraus hervor, daß er gegen eine jährliche Tributzahlung sogar Sizilien Odoaker überließ. Freilich Lilybäum behielt er auch jetzt für sich, um sich so immer die Möglichkeit zu sofortigem Eingreifen in Sizilien und Unteritalien offen zu halten.

Und wie hier Geiserich nach menschlicher Voraussicht seinen Vandalenstaat gegen jede äußere Gefährdung und ernstere Beunruhigung geschützt zu haben glauben durfte, wollte er auch dafür Sorge tragen, daß seiner Schöpfung ebenso im Innern jede Erschütterung erspart bleibe. Diesem Ziel meinte er am besten durch die testamentarische Einführung des Senioratsprinzips in der Nachfolge zu dienen. Denn dadurch, daß damit die Thronfolge von der Mitwirkung des Volkes und des Adels unabhängig wurde, sollten Spaltungen und Zwistigkeiten innerhalb der Vandalen, die ihre außenpolitische Stellung schwächen mußten, vermieden werden; dadurch aber, daß nicht notwendig der erstgeborene Sohn, sondern jeweils das älteste männliche Mitglied der Königsfamilie die Regierung übernahm, sollten gefährlichen Regierungen Unmündiger mit all ihren bösen Folgen dem Volke der Vandalen erspart bleiben, wie es auch der Geschichtsschreiber der Ostgoten Jordanes auffaßte, wenn er zu dieser Verfügung Geiserichs sagt: „Da sie diese Bestimmung durch lange Jahre hindurch getreulich beobachteten, verblieben sie in glücklichem Besitz des Königreiches; denn während die anderen Völker gewöhnlich in Bürgerkriegen sich zerfleischen, erhielten sie in Frieden den Völkern die Herrschaft, indem einer vor dem anderen die Königsherrschaft nach bestimmter Ordnung übernahm".

So war der Vandalenstaat nach innen und nach außen gefestigt, als am 24. Januar 477 Geiserich in hohem Alter starb und, da männliche Seitenverwandte nicht vorhanden waren, seinem Sohne Hunerich die Herrschaft hinterließ. Mit ihm schied unzweifelhaft eine der gewaltigsten Persönlichkeiten der Völkerwanderungszeit aus dem Leben. Denn an der Spitze eines zahlenmäßig wenig bedeutenden Volkes hatte er ein Reich geschaffen, das schon seiner Lage nach die schwerste Gefährdung des römischen Reiches bildete, so daß sich allein in der Wahl dieser Landschaften die Größe von Geiserichs staatsmännischem Denken zu erkennen gibt. Denn wir dürfen nicht übersehen, daß die Gewinnung von Sizilien und Nordafrika die wichtigsten und wahrhaft entscheidenden Etappen auf dem Wege Roms zur Weltherrschaft darstellten. So mußte ihr Verlust auch die Auflösung des Reiches naturnotwendig mit sich bringen; doch trotz des Schwächezustandes des römischen Reiches in West und Ost, war die Aufgabe, die Geiserich sich gesetzt hatte, keineswegs einfach. Denn er mußte sein Volk, wenn er überhaupt einen Erfolg erzielen wollte, auf das Meer führen und mußte andererseits stets darauf bedacht sein, die Kräfte seines Volkes zu schonen. Beides hat er in vollem Umfang erreicht. Er hat mit seinen Kriegern eine Flotte geschaffen, der nichts widerstehen konnte, und er hat es mit hervorragendem Geschick verstanden, größere Blutverluste ihm zu ersparen. Daraus erklärt sich seine oft auffallende Nachgiebigkeit in seinen politischen Forderungen und auch in der Art seiner Kriegsführung, wie sie besonders klar in dem letzten großen Krieg gegen die vereinigten Kräfte von Ravenna und Byzanz hervortritt. Er hat niemals blindlings seine Kräfte eingesetzt, sondern wußte stets den richtigen Augenblick abzuwarten, in dem er dann überfallartig seinen Gegner niederschlagen konnte. Bewährte er sich so in seiner fast ein halbes Jahrhundert währenden Regierung als Militär und Politiker, so liegt seine besondere Größe, wie bereits angedeutet, doch in seiner Stellung zu dem Verhältnis der Germanen zu Rom. Er hat ja als der erste germanische Herrscher sich nicht damit begnügt, innerhalb des römischen Weltreiches Lebensmöglichkeiten für sein Volk zu gewinnen, sondern ist von allem Anfang dafür eingetreten, auf dem Boden des römischen Reiches nach eigenem Willen und nicht nach den Wünschen der kaiserlichen Regierung einen selbständigen und unabhängigen Germanenstaat zu errichten. Er hat nicht um Geld und Land für sein Volk mit Rom gekämpft, sondern um die Idee, daß auch unabhängig von Rom ein Staat der Germanen geschaffen werden könne. Er ist dabei auch nicht dem Gegensatz ausgewichen, in den er dadurch notwendig zu dem mit der Romidee verbundenen Katholizismus geraten mußte – ein Gegensatz, der nicht zuletzt die gehässigen Entstellungen in den Berichten über sein Wirken bestimmte – und hat diesen Gegensatz auch für den engeren Zusammenschluß seines Volkes fruchtbar gemacht. Denn so sehr Geiserich auch in die imperialistische Gedankenwelt des Mittelmeerraumes hineinwuchs, er war sich stets der notwendigen Voraussetzung für das Bestehen seiner Staatsschöpfung bewußt: der Erhaltung des vandalischen Volkstums. Die Schonung der Volkskräfte im Krieg, die Sicherung der wirtschaftlichen Grundlage der Vandalen durch Zuweisung unveräußerlichen Landbesitzes, die Verhinderung einer Vermischung seiner Vandalen mit den anderen Staatsangehörigen, wobei ihm der religiöse Gegensatz förderlich war, dienten alle nur dem einen Ziel, sein Volk stark und rein zu erhalten. Und wie erfolgreich er in dem Bestreben, die Vandalen von den verderblichen Einflüssen römischer Unmoral frei zu erhalten, war, erhellt wohl am deutlichsten aus dem Bekenntnis seiner Gegner, daß im Vandalenstaat, dem Reiche der Ketzer, selbst die Römer wieder Zucht und Sitte gelernt hätten. Und so überragt Geiserich alle die germanischen Heerführer und Könige, die gegen Rom gekämpft haben, und überragt selbst einen Theoderich, so gewaltig dessen Leistung auch sein mag, denn er sah die Aufgabe des Germanentums nicht wie der große Amaler darin, die absterbende Welt der Antike durch Zufuhr neuer Kräfte des Nordens zu erhalten, sondern darin, diese Welt seinem eigenen germanischen Volke zu unterwerfen, was aber räumliche und geistige Loslösung von Rom zur selbstverständlichen Voraussetzung hatte. Und so muß Geiserich, der König der Vandalen, der Herr des Landes und des Meeres, als der wahre Überwinder Roms gelten, dem die Erkenntnis geworden, daß nur unabhängig von Rom germanisches Wollen den Sieg gewinnt.

Namens- und Ortsregister